ベンチャー
コンパクト用語辞典

Compact glossary for venture company

秋山義継 編著
Yoshitsugu Akiyama

はしがき

　ベンチャー企業の定義は，論者によって様々である。事業に新規性があること，リスクのある事業であること，成長志向であること，株式上場を目指していること，個人によっては社会貢献や自己実現の手段であることなどがあげられる。ここでは，「新規性に重点におき，新事業を創出し，イノベーションの担い手となる企業」ととらえる。

　イノベーションとは，新しい製品・製法が商品化されることで，技術革新と訳されることが多いが，新技術の開発にこだわる必要がない。新しい市場や新しい販売方法を開拓するのもイノベーションである。ネットで売っているものは従来からの製品であるが販売方法が新しいのであり，これまで店舗に来られなかった顧客を開拓した点が新しいことである。また，新製品や新製法に関しても最初から始めるのでなく，既存の技術を新しく組み合わせることによって生まれる「組み合わせ技術」のことが多い。イノベーションの重要なことは，実際に商品化されることにある。研究開発活動で特許，発明があっても，そこから市場で売れるものを生み出されなくてはイノベーションとならない。大企業は研究開発施設を有し，実用化の面でも販路でも優位性をもっている。しかし，大企業にない機動性を持ち，大企業が気づかないニッチな領域で製品や市場を開拓するイノベーションの重要な担い手がベンチャー企業である。ベンチャー企業は前例のないことを行うので，失敗のリスクは伴うが，どのような安定した事業でもそれなりのリスクは存在する。ベンチャー企業家は大きなリスクを承知で事業に挑戦するのである。

　このベンチャーコンパクト用語辞典は，現在ベンチャー企業について勉強している方，ベンチャーに挑戦しようとする方々にまず最初に手にとってもらえるように編集されている。ベンチャーに必要な知識は様々な領域にわたっているが，多様な知識をコンパクトに収めた用語辞典という形態

をとっている。

　ベンチャーに挑戦するには，この辞典だけでは十分でないが，必要最小限の用語の知識を得た後に，さらに必要な知識，身に付けるべき能力の獲得に取り組んでいただきたい。そのような努力を続けることによって，今は不可能なことに思えることを，実現可能なものに変えていただけたら幸いである。この辞典が，ベンチャーを研究している方，ベンチャーに向かっている方，ベンチャー支援に携わっている方にも何らかの有用な文献であることを著者一同願っている。

　最後に本書の刊行にあたっては税務経理協会第三編集部の峯村英治氏，大川晋一郎氏に大変お世話になったことに御礼を申し上げる。

2009年2月

　　　　　　　　　　　　　　　　　　　　　　　　　　　秋山　義継

目次 CONTENTS

A～Z

- ＡＴＭ……………………………3
- ＣＥＯ……………………………3
- ＣＳＲ……………………………4
- ＧＰＳ……………………………4
- ＩＳＯ14001……………………5
- ＩＳＯ9000シリーズ…………5
- Ｍ＆Ａ……………………………6
- ＮＰＯ法人………………………6
- ＯＪＴとOff-JT…………………7
- ＰＰＭ……………………………7
- ＳＥＭ……………………………8
- ＳＥＯ……………………………8
- ＳＮＳ……………………………9
- ＳＯＨＯ…………………………9
- ＳＲＩ……………………………10
- ＷＷＷ／ＷＥＢ………………10

あ行

- アウトソーシング………………11
- アカウンタビリティ……………11
- アントレプレナー………………12
- 一円起業…………………………12
- イノベーション…………………13
- インキュベーション施設………13
- インキュベーター………………14
- インサイダー取引………………14
- インターネット…………………15
- インターネット・データ・センター…15
- インターネットビジネス………16
- インターンシップ………………16
- エージェント……………………17
- エコ・エフィシェンシー………17
- エコ・ビジネス…………………18
- エコ・ファンド…………………18
- エンジェル税制…………………19

か行

- 会社更生…………………………21
- 会社財産を危うくする罪………21
- 会社の機関………………………22
- 会社の区分………………………22
- 会社法……………………………23
- カオス……………………………23
- 株式会社…………………………24
- 環境会計…………………………24
- 環境経営…………………………25
- 環境ベンチャー・キャピタル…25
- 環境報告書………………………26
- 起業………………………………26
- 起業家教育………………………27

起業家精神	27
企業行動基準	28
企業行動憲章	28
企業再生	29
企業ブランドのネーミング	29
企業不祥事	30
企業ブランド	30
技術移転	31
技術移転機関	31
キャッシュ・フロー	32
キャリア形成	32
清成忠男	33
クラスター	33
グリーン・インベスター	34
形式知と暗黙知	34
ゲーム理論	35
検索エンジン	35
コア・コンピタンス	36
公開会社と非公開会社	36
合資会社	37
公正取引委員会	37
合同会社	38
合名会社	38
コーポレート・ガバナンス	39
国税局査察部	39
国民生活金融公庫	40
個人情報保護法	40
コラボレーション	41
コンサルティング	41
コンテンツ	42
コンプライアンス	42

さ行

サイエンスパーク	43
財団法人中小企業ベンチャー振興基金	43
財務会計	44
サプライチェーン	44
事業アイデア	45
事業計画書	45
市場拡大戦略	46
市場創造	46
市場ニーズ調査	47
シナジー効果	47
社外ベンチャー	48
社団法人ニュービジネス協議会	48
社内ベンチャー	49
収支計画	49
ジョイント・ベンチャー	50
証券取引等監視委員会	50
情報技術	51
情報の非対称性	51
シリコンバレー	52
シルバーベンチャー	52
新規創業	53
新興株式3市場	53
新興市場	54
人材育成	54
新創業融資制度	55
ステークホルダー	55
ストックオプション	56
成果主義	56
生物進化	57

目　次

生命論パラダイム……………57
総会屋に対する利益供与………58
創業支援………………………58
創業支援型ベンチャー・キャピタル……59
相場操縦………………………59
ソーシャル・ベンチャー………60
組織文化………………………60
損失補填………………………61

——— た行 ———

大学等技術移転促進法…………63
対価の柔軟化…………………63
大気汚染防止法………………64
男女雇用機会均等法……………64
知識創造………………………65
知的財産………………………65
中小企業基盤整備機構…………66
中小企業挑戦支援法……………66
中小企業の範囲………………67
著作権法………………………67
テクノロジー・アセスメント………68
デビットカード…………………68
電子マネー……………………69
東京商工会議所………………69
投資事業組合…………………70
特別背任………………………70
独立行政法人…………………71
独立資金………………………71
特例有限会社…………………72
ドッグイヤー……………………72
ドメイン…………………………73
ドラッカー，P．F．………………73

——— な行 ———

ナレッジマネジメント……………75
偽ブランド………………………75
ニッチ……………………………76
ニッチャー企業…………………76

——— は行 ———

バーチャルリアリティ……………77
バイアス（偏向）………………77
バイオマス事業…………………78
排出権取引……………………78
パラダイム………………………79
バリューアッド活動………………79
犯罪捜査機関…………………80
ビジネス・エンジェル…………80
非正規雇用……………………81
ビットバレー……………………81
福祉有償運送…………………82
不正競争防止法………………82
フランチャイジー………………83
フランチャイズ…………………83
プレジデンツ・データ・バンク……84
フレックスタイム制………………84
プロセスイノベーション…………85
ベンチャー・キャピタル…………85
ベンチャー・スピリッツ…………86
ベンチャー・ファイナンス………86
ベンチャーエコノミー……………87
ベンチャー企業…………………87
ベンチャー企業支援……………88
ベンチャー企業のライフサイクル……88

ベンチャーキャピタリスト……………89
ベンチャー協議会……………………89
ベンチャー財団………………………90
ベンチャーファンド…………………90
ベンチャーブーム……………………91
ベンチャーフェア……………………91
ベンチャープラザ……………………92
法人申告所得…………………………92
ボストン・コンサルティング・
　グループ……………………………93

ま行

メガ・フランチャイジー……………95

メンター………………………………95
持分会社………………………………96

や行

ゆらぎ…………………………………97
欲求5段階説…………………………97

ら行

リーダーシップ………………………99
リスクマネジメント…………………99

ベンチャーコンパクト用語辞典

A〜W

ATM（Automated Teller Machine）

　ATMは現金自動預け払い機のことで，貨幣（紙幣，硬貨）の預かり，引き出し，振込みなどいろいろなサービスを，顧客自身の機械操作で行う装置である。自動取引装置などとも呼ばれている。現金の引き出しと金融機関の口座残高照会のみを扱うCD（現金自動支払い機）とは異なり，いろいろなサービスが可能である。ATMは金融機関の窓口サービスの向上やコスト削減などから，駅，ショッピングセンター，小売店，百貨店，公共施設など幅広く設置されている。今では，普通預金以外の取引（貸付金，振込・振替，キャッシュカードの暗証番号変更，債券・外国通貨・宝くじの購入申込みなど）や現金を介さない取引もATMで取り扱っている。さらに最近では安全性の向上のため生体認証（指紋）が付いている。

（金山茂雄）

CEO（Chief Executive Officer）

　CEOは「最高経営責任者」と訳され，アメリカでは一般的には会長を意味する。COO（Chief Operating Officer）は「最高執行責任者」と訳される。わが国でもこうした経営責任と執行責任の明確化が求められ，ソニーや日産，富士通など多くの企業が取り入れてきている。所有と経営の分離が主張され，企業は誰のものか，いわゆるコーポレート・ガバナンスとも関係してくる。このCEOは，取締役会から委託を受け，取締役会の意思決定に従って経営を実際に執行する最高経営責任者である。企業経営者の役割は複雑多岐に渡っており，また企業環境（政治，経済，社会，文化，税制，宗教，為替，金融）の変化に適応し企業成長しなければならない責任と義務を負っているのである。企業はゴーイング・コンサーンすることにより社会貢献をしているのである。

（飯野邦彦）

CSR (Corporate Social Responsibility)

　Corporate Social Responsibility の略称で,「企業の社会的責任」と呼ばれている。一般的に,「企業が社会の一員として,社会の持続可能な発展に対して果たすべき役割と責任」を意味する。世界的潮流となっているCSRであるが,国際的に統一された定義はなく,流動的である。企業の役割は,経済的利益の追求にとどまらず,幅広く社会的役割を果たすことが求められている。近年のCSRは,時代の変化を反映して①持続可能性,②ステークホルダーとの対話,③トリプル・ボトムライン(経済・環境・社会の3側面),④CO_2対策などが中心的コンセプトとなっている。CSRはベンチャー企業をはじめ全ての企業・組織にとって,経営そのものであり,新たな価値創造や市場創造を目指す本業に根ざした自主的な取り組みである。

(田中宏司)

GPS (Global Positioning System：全地球測位システム)

　GPSは,グローバル・ポジショニング・システム,全〔汎〕地球測位システムとも呼ばれている。地球上の現在いる位置を調べるための衛星を利用した測位システムである。もともとは軍事用として利用されていたもので,軍事用に打ち上げしたGPS用の人工衛星の数個の衛星から信号を受信し現在位置を知るものである。GPSは4個の衛星から信号を受信し,受信機の内部にある時計の補正を行いながら測位する。また,3個の衛星からの距離が分かれば空間上の位置がわかる。このGPS技術は,現在では特定地域を除き,民生用として広く利用されている。その使用例として,カーナビゲーション,携帯端末(PDA,携帯電話など),ノートPC,レーダー探知機などに利用されている。

(金山茂雄)

ISO14001（International Organization for Standardization14001：環境マネジメントシステム）

　ＩＳＯ14001とは，環境マネジメントシステムの要求事項および利用の手引きのことである。同規格は方針・計画・実行・チェック・改善などで構成されている。世界のＩＳＯ14001登録件数は129,031件である。第１位日本21,779件，第２位中国18,979件，第３位スペイン11,205件，第４位イタリア9,825件，第５位米国8,081件となっている（2006年12月～2007年１月）。ＩＳＯ14001認証取得によって企業は①環境経営に積極的であることを表明できる②市場参入への機会が拡大する③従業員の環境意識を高めることができるなど，さまざまなメリットがあるといわれる（http://ecology.or.jp/isoworld/iso14000/）。
　　　　　　　　　　　　　　　　　　　　　　　　　　　　（桜井武典）

ISO9000シリーズ（ISO9000 series）

　ＩＳＯ（国際標準化機構）が定めた，品質マネジメントシステムに関する一連の規格である。企業などが製品やサービスの品質の管理システムを確立し，それを継続的に維持・改善するための要求事項を規定している。明確な品質管理方針のもとで業務手順をマニュアル化して継続的に実行し，検証と改善を行うことが求められる。94年版から2000年版への改正で，位置づけが「品質を保証するための規格」から，「品質保証を含んだ顧客満足の向上を目指すための規格」へと変わった。このうちＩＳＯ9001は要求事項の規定で，ＩＳＯ9004はシステム改善のための指針。その他の規定を含めＩＳＯ9000シリーズと呼ぶ。日本では，日本工業規格のＪＩＳＱ9000シリーズとして国内規格化されている。ＩＳＯ9000番台以外にも品質マネジメントシステムに関する規格類があり，これを「ＩＳＯ9000ファミリー」と呼ばれている。
　　　　　　　　　　　　　　　　　　　　　　　　　　　　（中村陽一）

M＆A （Merger and Acquisition）

　M＆A（合併・買収）は，企業の経営戦略上，他の企業と合併したり，他の企業を買収し競争優位性を高めるための戦術の一つである。一般的には，同一業種，同一業界での合併や買収であり，業界3位と5位が合併し業界第2位もしくは第1位を目指す上での合併が行われる。また，技術的開発投資額が多くリスク負担が多い業界では，他の企業ノウハウを短期的に得る目的で一事業部のみを買収することも多くみられる。また，複合企業体（コングロマリット）では，国内外を問わず異業種の企業を買収することも行われている。今日，金融，証券，不動産，コンビニエンスストア，情報通信，製紙，外食業界での業界再編とグローバリゼーションの波の影響で企業間での合併，買収が活発化している。企業は，本業中心のため，本業を強化するための合併・買収目的が多い。

〔飯野邦彦〕

ＮＰＯ法人

　社会貢献活動を行う，営利を第一の目的としない団体の総称である。1998年に「特定非営利活動法人促進法」が施行され，この法律にもとづき設立された特定非営利活動法人がＮＰＯ法人である。ただし，国際的な認識では，ＮＰＯ（Non Profit Organization）はさらに広い概念である。広義のＮＰＯは，政府のような公的な非営利組織と幅広い形態で展開される民間の各種非営利法人に大別される。民間非営利法人には，ＮＰＯ法人のほかに，財団法人，非営利の社団法人および協同組合，社会福祉法人，学校法人，宗教法人および各種の非営利組合がある。非営利で運営されるベンチャー・ビジネスは，通常はＮＰＯ法によるＮＰＯ法人を採用している。

〔秋山義継〕

OJTとOff-JT (On-the-Job Training and Off-the-Job Training)

　OJTとは，仕事をしながら必要な知識や技能，問題解決能力を身につけさせる企業内教育訓練の一方式。みようみまねで仕事を覚えていくことも含まれる。現業系，事務系ともに従業員が必要な技量を速く確実に修得するうえで効果は大きい。ただ，上司の能力や意識，部下の指導時間の有無などにより差ができることは否めない。このほか，企業内教育訓練には，OJTとは異なり，仕事を離れ職場外のセミナーや講習会等に参加する方法で行われるOff-JTがある。企業内の研修施設で行う場合や外部の研修（国内外の大学・研究機関を含む）に参加させる場合など様々な形態がある。仕事に係わる情報や知識，技能が体系的に学べることから，日常的なOJTと併用することで教育効果は高まるとされている。

（長谷川一博）

PPM (Product Portfolio Management)

　PPMとは，1960年代にアメリカのボストン・コンサルティング・グループ（The Boston Consulting Group）が考案した戦略手法である。業界を4区分，わかりやすいマトリクスになっている。市場におけるシェアが高く，市場成長率が低い「金のなる木」(cash cow)を中心に，シェアも成長率も高い「花形」(star)，シェアは低いが成長率が高い「問題児」(wild cat)，シェア，成長率ともに低い「負け犬」(dog)で構成されている。安定した収益が確保できる「金のなる木」は，「花形」や「問題児」に資本投下し，「問題児」を「花形」に，「花形」を「金のなる木」にさせることである。最後の「負け犬」は衰退していく可能性が高いことから撤退するのがセオリーである。経営資源の配分に用いられる。　　（桜井武典）

ＳＥＭ（Search Engine Marketing）

　ＳＥＭとは検索エンジンマーケティングを意味し，ＧoogleやYahoo！などのロボット型検索エンジンから自社Webサイトへの訪問者を増やすマーケティング手法のこと。検索エンジンのより上位に自社サイトが掲載されるようコンテンツを最適化するＳＥＯは，ＳＥＭの手法の一つといえる。キーワード連動型広告や有料リスティングサービスによる広告掲載などもＳＥＭの手法。ＳＥＭには大きく分けて以下の２つの実現方法がある。
　検索エンジンの検索結果画面の上位にWebサイトが表示されやすいように，WebサイトのHTML記述などを調整するＳＥＯ（検索エンジン最適化）と検索エンジンの検索結果画面内の専用スペースに掲載される検索連動型広告（グーグルの「AdWords（アドワーズ）」やオーバーチュアの「スポンサードサーチ」など）を利用する方法。　　　　　（安達和年）

ＳＥＯ（Search Engine Optimization）

　ＳＥＯとはサーチエンジン最適化の略語で，Google, Yahoo, ＭＳＮ！などの検索エンジンの検索結果の表示順位をＷＥＢサイトが上位に来るようにすること。検索結果の表示順位が上にある方が検索エンジン利用者の目につきやすく，訪問者も増えるため，企業などでは検索順位を上げるために様々な試みを行う場合がある。適切なキーワードをタイトルやページ先頭に持ってくるというのが基本的な手法であるが，業者によっては，検索エンジンスパムと呼ばれる手法が利用されることもある。ただし，利用したことが発覚すると，検索エンジンのインデックスから削除されるなどのペナルティが課せられる。特定のドメイン・ＩＰアドレスを検索対象から除外するペナルティもあり，ドメイン・ＩＰアドレスの再取得といった多大なコストがかかってしまうことがある。　　　　　　　（安達和年）

SNS (Social Networking Service)

　SNSとは，招待制のクローズドなコミュニティで，名前や趣味・仕事などのプロフィールを公開し，友人・知人との情報交換に利用するネット上の交流の場。友人を紹介したり，同じ趣味の人が集うコミュニティなどを通して人脈を広げていくことができる。日本では「ミクシィ」や「グリー」が有名。2006年3月末時点でSNS登録者は延べ716万人，2007年3月末には1,042万人になると予測されている（総務省調べ）。国内のSNS最大手はミクシィで，サービス開始から2年3か月で，現在400万人以上の登録者を擁するなど，急激な成長を見せている。「六次の隔たり―人は世界中のどんな人とも，実は6人以内の人を介してつながっている」というネットワーク理論における有名な仮説がある。本当に6人以内でつながっているかはさておき，SNS等を通して（広いようで）「世間は狭い」という実感が社会に浸透してきているのは確かだろう。　　　　　（安達和年）

SOHO (Small Office Home Office)

　SOHO（ソーホー）は，会社と自宅や事務所をコンピューターネットワークにより結び，仕事場に変化させたもの。利点としては，出勤時における時間・場所に制限されない新しいスタイルとされる。反面，事務上のコミュニケーション不足が心配される。

　米国では4,200万人程度が対象となり，IT開発・サービス関係に携わるベンチャー専門職事業者のこと。国内情報サービス系SOHOは600万人余。NECでは4万人全従業員を将来的にSOHO化し，大企業の8割がSOHO化の検討をしている。2010年の職種構成に占める知識・専門的職業従事者が全体の21.1％を占めると政府は予想している。　　（山口隆正）

ＳＲＩ （Socially Responsible Investment）

　社会的責任投資とは，社会的責任を果たしている企業への投資を積極的に行い，そうでない企業への投資を控えることにより，企業の社会的責任遂行を促す投資方法のこと。

　社会的責任投資の意味。法令遵守，環境保全，社会貢献などに対する企業の社会的な取り組みと姿勢を基準にして行う投資手法。投資サイドは，より多くの健全な企業を育成できるため，投資自体がよりよい社会づくりに直結します。また企業サイドは，ＣＳＲを強く反映させた経営を通して，企業の社会・倫理面および環境面での評価を高めることができます。双方にメリットのある投資手法として，近年注目されています。日本版ＳＯＸ法や新会社法などが，日本にＳＲＩを一層浸透させると考えられています。

（安達和年）

ＷＷＷ （World Wide Web）／ＷＥＢ

　ワールド・ワイド・ウェブのことを略してウェブとも呼んでいる。現在のインターネットの隆盛のきっかけを作った情報検索サービスのことである。文字や画像などの情報はハイパーテキストという形式で作ることで，情報の検索をより簡単にする。このハイパーテキストは，テキスト中にキーワードなどのポイントがついていて，そこから関連する情報に飛んでいく構造をもったものである。ＷＷＷの特徴は，文字中心だった世界に画像，音声などのいろいろな表現方法を可能にした。情報はホームページ（ＨＰ）という単位で管理され，リンク方式(機能)でつなぎ合わせ，ＨＰのリンク部分をクリックすると，すぐに他のＨＰに飛ぶ。このリンク方式（機能）を使うとたくさんの情報を単語，熟語，項目などのデータファイルで保存し，情報の自己管理ができる。

（金山茂雄）

あ行

アウトソーシング (outsourcing)

　経営資源を自社の得意な分野に集中するために，またコスト削減等のために，社内の一部業務を社外の専門的能力や，ノウハウを持った業者に委託する「外注」「外部委託」のことを指す。人材派遣とは異なり，業務に関しては，受注業者の裁量により遂行する。従来は，ＩＴ業界において，開発，運用，保守と言った業務を外部業者や系列子会社に委託することを指す用語であったが，近年では，情報化の立ち遅れ，コストの高騰，人材の確保（教育），人事ローテーションの解決の対応策として用いられ，「生産性の向上（事務の簡素化・計画的生産）」「品質の向上（外部ノウハウの活用・均一な商品やサービスの確保）」「事務管理の簡素化」「コストの削減」等の効果が期待される部門で活用されている。　　　　（白土　健）

アカウンタビリティ (accountability)

　企業には，ステークホルダーに対して財務諸表を作成して報告する義務と責任がある。株主に対して会計報告を行うことは「会計責任」といわれ，アカウンタビリティが使われる。財務会計の機能には，①説明責任履行機能，②情報提供機能，③利害調整機能の3つがある。財務会計は制度会計ともいわれる。財務諸表を作成する根拠となるのが，会社法や金融商品取引法，企業会計原則や法人税法である。株式会社は，多くの投資家から経営を委任されているので，受託責任があり，反対に説明責任が課せられている。株式会社の説明責任を果たすために，株式会社における会計が重要な役割を果たしている。会社法第431条で企業会計については「一般に公正妥当と認められる企業会計の基準や慣行に従うものとする」と規定している。　　　　（飯野邦彦）

アントレプレナー (entrepreneur, 起業家)

　アントレプレナーは，利潤を獲得するために危険を負担する者であり，コストの引き下げによって利潤をより高めるために，発明や革新を行う者である。欧米では起業家活動と呼ばれる経営事象を，わが国では「ベンチャー・ビジネス」と表現している。このベンチャーという言葉に，従来と違った起業活動が想定され，新たに事業活動を開始するときに直面する冒険的な局面がベンチャーという用語に秘められているので，アントレプレナー（起業家）という個人よりも「ベンチャー・ビジネス」，「ベンチャー企業」という組織を表す用語が使われる。限られた経営資源を利用しながら危険を冒して事業機会を追求する者および人間のもつ創造力を発揮し，イノベーション活動を通じて事業機会を実現する者である。

(秋山義継)

一円起業

　旧商法は，株式会社・有限会社における出資者の有限責任を担保することを目的として，株式会社の設立において1,000万円（旧商法168条ノ4），有限会社の設立において300万円（旧有限会社法9条）の最低資本金を必要とするものとしていた。しかし，経済・雇用情勢が低迷する中，経済活動の活性化の観点から，ベンチャー企業などの起業の支援が喫緊の課題となり，最低資本金制度が新たな起業の妨げとなっているとの批判があった。これに対して，会社法は，設立に際して出資すべき額の下限規制を廃止し，定款で「株式会社の設立に際して出資すべき額またはその下限額」のみを定めることを要するものとした（会社法27条4項）。これにより，中小企業挑戦支援法による資本金規制の特例が恒久化し，資本金1円でも株式会社の設立が認められることになった。

(松岡弘樹)

イノベーション (innovation)

「技術革新」と訳される。新商品の開発（product innovation），新工程の開発の確立（process innovation）などもこれに含まれる。イノベーションは，このような技術的な側面だけでなく，企業活動の全般に関わる概念である。J.シュンペーターは，新商品・サービス，新しい生産方法の確立，新市場の開拓，原材料の新しい供給源の獲得，新しい組織の実現なども，イノベーションとしている。また，イノベーションは，自然科学上の発明・発見と関連した概念とされることも多い。しかし，P.ドラッカーによれば，イノベーションとは，「消費者が資源から得られる価値や満足を変えること」であり，必ずしも自然科学上の発見や発明を伴うものではない。端的には，顧客のニーズを満たすことにより，新たな顧客を創造する行為である。

（坂野喜隆）

インキュベーション施設

インキュベーション施設（incubation：孵化，培養）とは，創業間もないベンチャー企業を育てる目的で，創業支援または経営・技術支援のための各種専門サービスの提供を行う施設を言う。同施設の一般的な形態は，複数の企業が低料金で入居し，共同で利用できる研究開発施設や会議室，福利厚生施設などを備え，加えて人的交流や経営アドバイス，経理や特許出願などの事務処理，融資の斡旋等，ハードの提供のみならず，ソフト面でのサポートも含まれる。わが国のインキュベーション施設は，大規模な施設も散見されるが，全体的に数はまだ少ない。現在は，第三セクターや公設が中心であるが，民間企業やベンチャー・キャピタルなどを中心とした施設も増えつつあり，ベンチャー企業支援インフラの新しい柱として期待が高まっている。

（太田　実）

インキュベーター (incubator)

　インキュベーターは，もともと卵などの孵化器，保育器，培養器の意味であるが，これがビジネス分野に転じて，起業したばかりの企業を支援，育成し，自力で生存できるまでサポートする機関や組織を指す。ビジネス・インキュベーターともいう。インキュベーターの主な機能は，資金調達に関する情報提供，オフィススペースや会議室，機器を使用できる環境の提供，インキュベーション・マネジャーによる経営アドバイスや心理的サポート，事業提携先等とのアレンジ，弁護士や税理士，経営コンサルタント等の専門サービスの紹介など，多岐にわたるサポートが提供される。このような活動を通じ，起業や事業化の失敗を減らし，成功確率を高める役割を果たしているのである。　　　　　　　　　　　（太田　実）

インサイダー取引

　会社の役員や職員などで，会社の重要な情報を入手できる地位・職務にある者が，知り得た内部情報（重要事実）が公表される前に，その情報をもとに会社の株式の売買等を行い，不正に利益を得，あるいは損失を防止すること。内部者取引ともいう。もともと，わが国においては，インサイダー取引を犯罪と考えない風潮が存在した。しかしながら，国際的な批判などを背景に，1988年の証券取引法（現在，金融商品取引法と名称を変更）の改正により，インサイダー取引に対する罰則が設けられた。違反者には，5年以下の懲役もしくは500万円以下の罰金が科せられ，不法な利益は没収・追徴の対象となる。また，課徴金制度も存在する。違反行為の調査，告発は，証券取引等監視委員会によって行われる。　　　（宿谷晃弘）

インターネット (Internet)

　インターネット（Internet）とはインターネット・プロトコル（Internet protocol）技術を利用して相互接続されたコンピュータネットワークを指す語である。漢字で「国際電網」または単に「電網」と訳す場合がある。広義（an internet）では複数のコンピュータネットワークを相互接続したネットワークをいう。狭義（the Internet, the Net）では，広義のインターネットのうち，特に地球規模で広く相互接続されているネットワークをいう。商用のインターネット利用についてはまだ歴史が浅く，爆発的に普及したのは21世紀に入ってからである。セキュリティに関する仕組みが現行のインターネットのプロトコルに組み込まれていないために，コンピュータウイルスの感染や不正アクセスなどの問題が後を絶たず，最近ではセキュアなネットワークを目指した新しい仕組みをつくる動きもみられる。

（秋山智美）

インターネット・データ・センター (Internet data center)

　インターネット・データ・センターとは，顧客のサーバーを預かり，インターネットへの接続回線や保守・運用サービスなどを提供するシステムのこと。データ・センター側が用意したサーバーを顧客に貸し出すサービスをホスティングサービスと呼び，こうしたサービスを提供する業者もある。データ・センターが入居する建物は通常，耐震性に優れ，高速通信回線が導入されている。また，停電の際に対応できるよう自家発電設備やサーバーの大敵となる温度・湿度をシビアに管理できる最先端の空調設備を導入しているのが特徴。セキュリティーも万全で，ＩＤカードによる入退室管理や監視カメラでの24時間監視が普通。サーバーの運用は原則，顧客自らが行うが，サーバーが問題なく作動しているかを監視するサービスや，定期的にバックアップするなどのサービスを提供する業者もある。利用者は，ポータルサイトの運営者や電子商取引事業者，ＡＳＰ事業者などである。

（安達和年）

インターネットビジネス（Internet business）

　インターネットを使ったビジネスモデルの総称。インターネットを利用したビジネスモデルは次々と創出されているが，大別するとコンテンツ型ビジネス，広告主導型ビジネス，インターネット電子商取引に分けられる。まず，コンテンツ型ビジネスはコンテンツを提供することで大量のアクセスを集めることを目的としたビジネスモデルである。広告主導型ビジネスは，インターネットの普及に伴い，瞬時に大量のアクセスを集めることを可能にした。このビジネスの典型的なスタイルがポータルサイトである。ポータルサイトの代表的な例は，Yahoo！やGoogle などのサーチエンジンである。日本のプロバイダ各社もポータルサイトの一角に参入しようとしており，競争は激化している。電子商取引は，電子的な情報交換から商品やサービスの分配や売買をすることである。　　　　　（秋山智美）

インターンシップ（internship）

　インターンシップとは，「学生が一定期間企業等の中で研修生として働き，自分の将来に関連のある就業体験を行える制度」のことで，各省庁や各経済団体は積極的に推進しており，企業は年々増加している。中小企業やベンチャー企業ほど，実践的な内容となり優秀な人材を採用するためにも，中には内定パスを発行する企業もあり，海外で経験する場合もある。企業にとっては学校との接点も増え，企業等の人材育成や学校教育に対する要望等を学校や学生に伝え，学校との連携関係を確立し，情報交流の機会となる。学校にとっては職業指導と関連させ，学生に職業適性や職業生活設計について考える多様な機会を与え，職業選択への主体的かつ積極的取組みを促すことができる。学生にとっては実際の仕事や職場の状況を知り，職業選択について深く考える契機となる。　　　（安達和年）

エージェント（agent）

　エージェントとは，代理人，行為者を指す言葉である。転職エージェントと呼ぶ場合，転職者に代わって企業との条件面の交渉や，それ以前の企業の紹介などを行うアドバイザー的な役割を果たす人物を指す。転職エージェントと呼ぶ場合，転職者に代わって企業との条件面の交渉や，それ以前の企業の紹介などを行うアドバイザー的な役割を果たす人物を指す。

　ネットワーク機器の管理／監視を行う際に，管理対象機器にインストールするプログラムをエージェントと呼ぶことがある。スポーツエージェントやショッピング・Ｗｅｂ・ユーザー・サイバー・不動産・リクルート・マルチ・リレー・就職・知的・インターネットという言葉が前に来る用語もある。　　　　　　　　　　　　　　　　　　　　　　　（安達和年）

エコ・エフィシェンシー（eco-efficiency：環境効率）

　エコ・エフィシェンシーとは，環境効率のことである。1992（平成4）年に持続可能な発展のための世界経済人会議（The World Business Council for Sustainable Development：WBCSD）において提唱された概念である。企業が製品やサービスを提供するためにどのくらいの環境負荷を与えているのか（環境効率指標＝経済活動量／環境負荷量）によって求めることができる。同指標は分母が環境負荷量，分子が経済活動量である。環境負荷量には温室効果ガス排出量や有害化学物質使用量，廃棄物処分量などがあり，経済活動量には，売上高，生産高などが当てはまる。エコ・エフィシェンシーは，環境経営の主要指標の一つである。　　　　　（桜井武典）

エコ・ビジネス（eco business：環境事業）

　エコ（環境にやさしい），ビジネス（製品やサービスを提供する事業）と定義できる。エコ・ビジネスは21世紀の成長市場であるため，世界中のベンチャー企業が進出している。日本の環境汚染防止分野の市場規模は，2020年24兆円，雇用規模は2020年52,201人。そして環境負荷低減技術および製品分野の市場規模は，2020年6,085億円，雇用規模は2020年13,340人の見通しである。最後に，資源有効利用分野の市場規模は，2020年34兆円，雇用規模は2020年700,898人と予測している。日本の技術に大きな期待が寄せられている分野でもある（環境白書『日本の環境ビジネスの市場規模および雇用規模の現状と将来予測についての推計』平成16年版）。

（桜井武典）

エコ・ファンド（eco fund：環境基金）

　エコ・ファンドとは，経済性に加えて環境性の観点からも成長が期待できる株式を主要対象とした投資信託のこと。主な業種には電気・化学・輸送用機器・機械となっている。近年，社会的責任投資（ＳＲＩ）ファンドの中に組み込まれていることも多く，逆にサステナビリティ，地球温暖化などのファンドとしても散見される。環境ベンチャーへの関心が高まっていることから，市場拡大することが見込まれる。一方で，エコ・ファンドに関心のある人からは①ファンドについての情報が不足している②知名度不足③運用内容が分かりにくいなどの改善すべき点が指摘されている（環境省『社会的責任投資に関する日米英3か国比較調査報告書』図2－2－7エコファンド等の改善すべき点，平成15年度）。

（桜井武典）

エンジェル税制（taxations of venture capital）

　ベンチャー企業への投資を促進するための税制上の優遇措置。中小企業基本法第2条に定められている中小企業（業種毎に資本金額あるいは従業員規模を規定）のうち，創業3年未満あるいは10年未満の企業を対象に，個人投資家が新規発行株式を金銭払い込みにより取得した場合に適用される。2008（平成20）年度税制改正により，投資時点では，前者は（投資額－5,000円）をその年の総所得金額等から，後者は投資額をその年のほかの株式譲渡益から，それぞれ控除できるが（前者の上限は総所得金額×40％と1,000万円のいずれか低い方），売却時には，譲渡益を1/2に圧縮し課税する制度が廃止され（2008年4月30日までの投資については継続），損失が出た場合に損失を翌年以降3年間繰越控除できるだけとなった。

（長谷川一博）

か行

会社更生

　会社更生は，会社が倒産の危機に瀕している場合に利用できる法的倒産手続きの一つで，清算型ではなく再建型に位置づけられ，債務者（倒産会社）自身が再生手続きを担う民事再生とは違い，裁判所が選任した更生管財人が再建手続きを進める。更生管財人は通常弁護士など従前の経営者と異なる人が選ばれる。したがって，抵当権などの担保権を有する債権者であっても，更生手続きに組み込まれ権利の内容が変更される場合がある。また，合併，減資，事業譲渡，会社分割など倒産会社の組織変更は，株主総会の特別決議などを経る必要が無くして更生計画に基づき行うことができる。

（井上博文）

会社財産を危うくする罪

　株式会社の取締役などが，違法配当などによって会社に対して財産上の損害を与えること。特別背任罪を補充するもので，行為主体も特別背任とほぼ同様。行為類型として，①不実申述・事実隠蔽罪（裁判所・株主総会に対して虚偽の申述，または事実の隠ぺいを行うこと），②自己株式取得罪（相場操縦などのために，自分の会社の株式を，会社の資金で不正に取得すること），③違法配当罪（配当可能な利益がないのに，粉飾決算によって架空の決算利益を計上し，株主に対して利益配当をすること），④営業外投機取引罪（株式会社の目的の範囲外において，投機取引のために株式会社の財産を処分すること）がある（会社法963条）。違反者には，5年以下の懲役もしくは500万円以下の罰金が科せられる。

（宿谷晃弘）

会社の機関

　会社は，法人とされるが（会社法3条），自然人のように，自ら意思決定や行為を行うことはできない。このため，会社に代わって意思決定や行為を行う存在が必要であり，その意思決定や行為が，法的に会社の意思決定や行為として扱われる者ないし地位を機関という。株式会社の機関には，株主総会，取締役(会)，代表取締役，監査役(会)，委員会（指名・監査・報酬），(代表)執行役，会計参与，検査役（臨時機関）などがある。会社法の下では，機関設計の柔軟化・多様化が図られており，定款自治による機関設計の選択肢が多岐に渡っている。すなわち，全ての株式会社において，株主総会と1人以上の取締役が必要常設の機関とされるが（会社法295条・326条1項），一定の原則の下に，定款の定めにより，その他の機関をオプションとして追加することが認められている（会社法326条2項）。

（松岡弘樹）

会社の区分

　会社法は株式会社について，規模と公開性による区分を規定している。規模による区分については，旧法の下においては，資本金と負債の額に応じ，「大会社」，「小会社」（中会社については定義なし）に区分していたが（旧商法特例法1条ノ2），会社法においては，大会社の特例のみが残されたことに対応して，「大会社（資本金5億円以上または負債総額200億円以上）」についてのみ，定義が置かれている（会社法2条6号）。公開性による区分については，従来，明確な定義はなく，株式の証券取引所への上場の有無等により公開会社・非公開会社の区分が行われていたが，会社法においては，株式の譲渡につき，会社の承認を要する旨を定款に定めているか否かで，「公開会社」と「それ以外の会社（株式譲渡制限会社）」に区分されている（会社法2条5号）。

（松岡弘樹）

会社法 (company law)

　会社法とは，共同企業形態である会社に特有な組織および活動に関する法律関係を定めた法規をいう。我国の会社法制は，近時，我国の経済情勢の急激な変化に対応することなどを主たる目的として，短期間に煩雑に改正が行われてきた。この結果，全体的な整合性を図り，体系的にその全面的な見直しを行う必要性が生じ，旧商法第2編，旧有限会社法，旧商法特例法等に分散している会社に関する規定を「会社法」として口語体の一つの法律にまとめると共に，各制度間の不均衡を是正し，最新の社会経済情勢の変化に対応するための各種制度を見直すことを目的として，会社法が制定された。会社法の内容は，最低資本金制度の撤廃，合併の対価の柔軟化，有限会社・株式会社の両会社類型の一体化，合同会社（日本版ＬＬＣ）の創設などが主な柱となっている。会社法は，2005（平成17）年7月26日に公布され，一部を除き，2006（平成18）年5月に施行された。　（松岡弘樹）

カオス

　カオス（chaos）は，ギリシャ神話の「無の空間に現れた神」に由来する。世の中が定まらない「混沌や無秩序」を意味している。また，読み方によってはケイオスともいう。カオスは，意思決定などにみられる「何かを決定する」際，ほんの些細なことで予想がつかない結果を生じたり，情報システムの決定論的システムが予想のつかない結果を生じる現象のことを総称して呼ばれている。このような現象は人間が想像できないことで，むしろ多くが自然界で起きることである。また，生態系の変動などにもみられる。例えば，気象・天候のように，晴れていた空が突然暗くなり雨が降ってくる現象と同じである。つまり，人間の予想を超えた現象である。このような特徴を活かして経済学や経営学，そして，コンピュータゲームやファミンコンのゲームなどにも応用されている。　（金山茂雄）

株式会社 (company limited by shares)

　株式会社とは，社員（株主）が，株式の取引価格を限度とする間接有限責任を負うのみで会社債権者に対して直接に責任を負わない社員で構成される会社をいう（会社法104条）。株主は，株主総会における会社の基本的事項の決定には参加するが，基本的には，業務執行には関与しない。業務執行に関しては，原則として，株主総会において選任される取締役によって構成される取締役会が決定し，代表取締役が会社を代表する。株式会社では，社員の個性はあまり重要視されず，社員の地位は株式という細分化された割合的単位の形をとり，株券という有価証券に表象される。株主は株式を譲渡することによりいつでも投下資本を回収することが可能である。株式会社は，株主が有限責任であることから事業に伴う危険の負担が著しく軽減されており，株式制度との結合により多数の人々による大衆資本の調達を可能にする点で，大規模な企業に適する会社形態であるといえる。

（松岡弘樹）

環境会計 (environmental accounting)

　環境会計とは，企業活動における環境保全費用，環境保全効果，環境保全における経済効果を貨幣単位や物量単位で明らかにする手続きのことである。環境報告書に記載して外部利害関係者に情報公開する環境財務会計と企業内部の関係者の経営管理に資する環境管理会計があげられる。環境保全コストには，例えば，温室効果ガス対策・フロンガス対策・土壌汚染対策などがある。これに対して効果は，前期と当期の総量の差で求められる。環境保全対策に伴う経済効果は，省エネ・省資源による費用節減及び副産物の売却による収益などが該当する。環境会計は業種により異なり，比較困難な面もある（環境省総合環境政策局環境経済課）(http://www.env.go.jp/press/file_view.php?serial=6396&hou_id=5722)。

（桜井武典）

環境経営 (environmental management)

　環境経営とは，一定の利益を確保しながら，環境負荷軽減のための「省エネ・省資源」に基づく経営の考え方である。21世紀は，急速な生態系の変化に対応するため「利益効率化」と「環境効率化」を同時に達成するマネジメントが要求される。このような視点から経営管理することを環境経営と捉え，環境経営を体系的に扱う専門分野を環境経営学と呼んでいる。実際に環境経営を実施するには，ＩＳＯ14001 (International Organization for Standardization 14001：環境マネジメントシステム) や環境会計の導入は欠かせないといわれている。またサイバー・パラダイム (cyber paradigm) が関連する。サイバー・パラダイムとは，企業の調達，製造，輸送，販売面で資源やエネルギーの無駄を極力無くすためにＩＴを積極的に利用することである。
　　　　　　　　　　　　　　　　　　　　　　　　　　　　　（桜井武典）

環境ベンチャー・キャピタル (environmental venture capital)

　環境ベンチャー・キャピタルとは，高い成長性が期待できる環境分野の新興企業に対して出資する企業のことである。株式公開した際にキャピタル・ゲイン（売却益）を得ることが目的。収益性と環境性を同時に達成できることからも注目されている。欧米では再生可能エネルギー技術に対しての投資が拡大している。この背景には，原油価格の高騰に伴い，代替エネルギーの必要性という社会的ニーズがあるからである。日本においても太陽エネルギー事業，風力エネルギー事業，バイオマスエネルギー事業といった環境ベンチャーに対する資金面の支援・経営面でのサポートが非常に重要になってきている。
　　　　　　　　　　　　　　　　　　　　　　　　　　　　　（桜井武典）

環境報告書（environmental report）

　環境報告書とは，事業者が環境に対する理念・計画・実施・点検・改善などの現況と結果についてまとめたレポートのことである。同書はステークホルダー（stakeholder：利害関係者）への説明媒体だけではなく，ビジネスのあらゆる領域に関連する人々とのコミュニケーション・ツールでもある。最近の報告書では，企業の環境性と社会性を発表するものが増加していることから，環境社会報告書，CSR（Corporate Social Responsibility：企業の社会的責任）報告書，サスティナブル（sustainable：持続可能な）報告書と呼ばれることもある。環境報告書の基本的事項は「環境保全コスト」「環境保全効果」「環境保全対策に伴う経済効果」である環境会計を記載する。

〔成瀬敏郎〕

起　　業

　新規に事業を起こすことである。ベンチャーの挑戦にあたり，避けられないプロセスである。起業にあたっては，製品知識の獲得，資金調達，会社設立および登記，社員募集，店舗や購入先の確保，広告宣伝，顧客開拓，現金管理，経理事務などなすべき仕事がある。起業の準備には2つの心がけが重要である。1つは，起業した際にスムーズにことが運ぶように，想定されることを念頭に置き，必要な知識を習得することである。もう1つは，準備すべきことはあらかじめ準備しておくことである。これらのため，通常は，事業計画（ビジネスプラン）をつくり，他者の意見を聞いたり，この計画を見直したりするような意欲的な行動をとることが求められる。

〔坂野喜隆〕

起業家教育

　起業家（アントレプレナー）を育成するための教育。1990年代以降，世界経済における日本の地位が低下している要因の一つとして，リスクを恐れず新規の事業に挑戦する「起業家」が少ないことが挙げられる。そのため，大学や大学院などにおける起業家教育の重要性が指摘されている。教育内容としては，財務・会計・法務・マーケティング・知的財産戦略・人材マネジメントのほか，起業家精神やコーポレート・ガバナンス・コンプライアンスなど様々である。また，ビジネスチャンスや事業の見通しを考え，実際にビジネスプランを作成して，プレゼンテーションを行う場合もある。このような実践的なプロセスを学ぶことは，起業のためだけではなく，広くビジネス教育の一環としても有益であると期待される。

（中村陽一）

起業家精神 (entrepreneurship)

　起業家精神（＝企業家精神）は，イノベーションと深い関わりを持っている。新たな事業を起こすことは，イノベーションである。新規事業は新しい価値を生み出し，新規産業が興される。そのキーワードになるのが起業家精神である。ドラッカーは，起業家精神については次のように述べている。「すでに行っていることをより上手に行うことよりも，まったく新しいことに価値，特に経済的な価値を見出すことである。すなわち，起業家とは，秩序を破壊し解体する者であり，シュンペーターが明らかにしたように，起業家の責務は"創造的破壊"である」。起業家は，古いものを破壊するということでなく，何も無い状態から新たなものを創造し，構築することが必要である。起業家精神とは，創造的破壊および無から有を生み出すことである。

（秋山義継）

企業行動基準 (corporate code of conduct)

　企業のメンバーが，行動に際して守るべき法令・倫理，社会規範などに基づく価値判断基準である。経営理念，社是・社訓等は，哲学的，抽象的に要約されているために判断基準としては具体性に欠ける。各種マニュアルや規程は，個々の業務・事務に関する詳細な手続きである。したがって，行動基準は，経営理念に基づき，関係法令，諸規則，社会規範等を考慮して制定され，組織の構成員に対する具体的な行動の基準やガイドラインとして機能する。主な内容は，経営トップのメッセージ，社会との関係，法令等遵守，ステークホルダーとの関係，役員・社員の行動と責務等に対する基本姿勢，組織体制，罰則規定等である。企業は，平易で具体的な説明，親しみやすさなどを工夫して，周知徹底を図ることが大切である。

（田中宏司）

企業行動憲章 (charter of corporate behavior)

　企業や経済団体が，経営理念，ビジョンなどに基づき，企業倫理，企業の社会的責任，社会の要請の観点から，構成員が遵守すべき行動の基本的な原則，ガイドラインとして制定したものである。企業の事例をみると，経営理念等に基づき，企業使命の遂行，健全な企業風土，人間尊重，倫理・法令遵守，良質な製品・サービスの提供，情報開示，誠実な企業行動，地球環境保全，社会貢献などを，5～10カ条として掲げている。先進企業が行動憲章の一部として，CSRに特化した「CSR憲章」を別途制定し発表している。団体の事例として有名なのは，日本経団連の「企業行動憲章」で，2004年5月にCSRの視点を組み入れて改定，「企業行動憲章－社会の信頼と共感を得るために－」として発表（序文，前文，10原則）されている。

（田中宏司）

企業再生

　経営破綻した企業，あるいは経営が悪化し適切な措置をとらなければ近々破綻することが予測される企業を再生・再建させること。その方法は様々だが，①変化に対応するイノベーションの実施，②企業提携による経営資源の補完，③M＆Aによる業務刷新，④債権放棄を含む銀行による資金協力，などが挙げられる。法的措置としては，会社更生法や民事再生法による手続きがある。また，「産業再生法」（産業活力再生特別措置法）が1999年に施行されている。内容は過剰債務を抱える企業を再生するため，分社化や債務の株式化など事業再編支援，ベンチャー支援のほか，税制上の支援策などがある。

（中村陽一）

企業ブランドのネーミング（brand naming）

　企業ブランドを，消費者に受容してもらうためには，企業自体や企業の商品にいかに消費者の印象を良くするかが重要である。それには消費者に印象を強く与えることができるような好ましい商品ブランドのネーミングを打ち出すことが必須である。特に，海外ブランドが他国の市場に参入する際には，注意が必要である。自国で製品を販売する場合も企業が他国の市場に進出する場合も，企業ブランドを構築する上で，企業ブランドのネーミングはその国の文化，消費者の心理など細かな要素を考慮することが不可欠である。消費者の関心を得ることや，好印象を与えること，また，消費者に覚えてもらいやすいブランド名をつけることは，企業ブランドを浸透させる上では重要である。これらを意識することで，企業は，さらに多くの見込み顧客にその企業自体や企業製品の情報を発信できるだろう。

（秋山智美）

企業不祥事（corporate scandals）

　企業が組織として，法令違反，犯罪，不正行為など，あってはならない事柄を引き起こし，社会の信頼を損ねるような出来事を意味する。企業不祥事をみると，商品表示偽装，不良商品，不正取引，利益供与，情報漏洩，インサイダー取引，セクシャル・ハラスメント，談合，贈収賄，薬害，損失補填など，多種多様である。最近は，内部告発により発覚する事例が多い。不祥事が発生すると，長年培われた企業の信用と信頼が一気に失墜し，消費者離れ，売上急減，資金繰り悪化，株価急落などが発生する。この結果，経営全体の動揺，経営トップの辞任などがみられ，最悪のケースでは経営破綻につながる。消費者，国民，社会からの信頼を回復するには，企業倫理の確立と実践など，血のにじむような地道な取り組みが求められる。

（田中宏司）

企業ブランド（corporate brand）

　人々が，企業が提供する商品，サービスや企業活動に対して抱くイメージの総和で，他社と差別化する信頼の証となり，企業価値を高める無形資産である。ブランドは，牛の所有者が自分と他人の所有する牛を区別するために，牛に焼印を押したことに由来する。企業ブランドは，①その商品・サービスをだれが提供しているかの出所の機能，②約束された品質，商品・サービスが優れていることの品質保証の機能，③ロゴ，パッケージ・デザインなどを通じた商品・サービスの情報伝達の機能を持っている。社会から認められる優れた企業ブランドは，消費者にとって購入時の安心や信頼のメリットのほか，所持する喜びや誇りとなる。従業員にとっても，組織へのロイヤリティが高まり，全体として企業価値の向上につながる。

（田中宏司）

技術移転 (technology transfer)

技術移転とは，民間投資，教育訓練，情報交流等様々な形で行われ，かつイノベーション的側面をも含む活動のことを総称していう。解釈としてはいくつかある。その一つは，ローゼンブルームが「技術がその起源と異なる文脈で獲得され，開発され，利用されること」と述べている。もう一つは，スペンサーが「単純であれ複雑であれ，ある仕事を遂行する上に必要な技術・情報の計画的，合理的な移動」と述べている。また，R＆D（研究開発）もこの技術移転に含まれる。そして，単に技術移転にとどまらず規範的側面もあり，社会現象として現れている。

最近では，技術移転機関（次項参照）が設立され，大学の研究者の研究成果を特許化し，それを企業等へ技術を移転する専門法人や新規事業や新産業の創出につながっている。　　　　　　　　　　　　　　（金山茂雄）

技術移転機関 (ＴＬＯ：Technology Licensing Organization)

技術移転機関（ＴＬＯ）とは，1998年に施行された大学等技術移転促進法（大学等における技術に関する研究成果の民間事業者への移転の促進に関する法律）に基づき，研究開発成果を産業界に移転しうるよう各地の大学に設置された組織である。大学発の技術を普及させると同時に，それを管理することが主な目的で，具体的には，大学教員などの研究成果を特許などで権利化した上で民間企業の利用を認め，製品開発などの事業化への活用を促進する役割を果たしている。開発した製品を販売することなどによって得られた収益の一部が大学や研究者に還元され，研究開発の活性化につながっている。わが国のＴＬＯの多くは会員制を採用しており，技術移転だけではなく，企業の技術相談などの事業も行っている。

（太田　実）

キャッシュ・フロー (cash flow)

　キャッシュ・フローとは，現金の入金から出金を引いた差として残された現金をいう。一般に企業経営全体の成果を表す指標として純利益に代えて用いられるが，個人事業ごとにいうこともある。これを営利活動，投資活動，財務活動に区分して表示した計算書をキャッシュ・フロー計算書と呼ばれる。この計算書は企業の将来の資金創造能力や支払い能力などを判断するという目的で作成されたもので，貸借対照表や損益計算書と並んで，企業活動の全体的な動向を把握するための重要な投資情報源になっている。キャッシュ・フロー計算書は，国際会計基準では，基本財務表の一つとして位置づけられている。　　　　　　　　　　　　　　　（秋山義継）

キャリア形成 (career development)

　キャリアとは，従業員が初任配属から退職までの間に異動によって経験する仕事の連鎖，職業上の経歴のこと。具体的には，担当してきた職務やその内容によって把握される。近年，雇用が流動化するなかで，キャリア形成の範囲は企業内から資本関係や取引のあるグループ企業へと拡大している。キャリア形成，すなわちキャリアを通じた能力開発やコンピテンシーの育成は，企業の人事権に基づく企業主導型と個人の意向を反映した個人選択型に大別される。初期の段階では企業主導型が多いが，その後は企業の都合を優先する場合でも，当該従業員の意向を尊重する傾向が強い。コース別人事制度をはじめ，自己申告や社内公募，社内ベンチャーはいずれも，個人選択型のキャリア形成に繋がる制度である。　（長谷川一博）

清成忠男（1933－）

　1970年,「ベンチャー・ビジネス」という言葉および概念を中村秀一郎氏らとともに創り出した，日本を代表する経営学者（中小企業論・企業家論）である（清成・中村ほか『ベンチャー・ビジネス－頭脳を売る小さな大企業』日本経済新聞社，1971年）。日本ベンチャー学会では，彼の功績をたたえ，ベンチャー企業および企業家支援活動等に関する研究の奨励に資する業績を顕彰する「清成忠男賞」を設けている（http://www.venture-ac.ne.jp/bosyu/prize1_index.html）。法政大学総長・理事長を1996年6月から2005年3月まで務め，現在は，法政大学学事顧問，日本ベンチャー学会特別顧問などを歴任し，法政大学経営学部名誉教授である。

　　　　　　　　　　　　　　　　　　　　　　　　　　（坂野喜隆）

クラスター（cluster）

　本来はぶどうの房の意，転じて集団や集合体を表す言葉として用いられる。産業クラスターの成功例としては自然発生的なシリコンバレーが有名。大学や研究機関，中堅・中小企業やベンチャー企業同士の自由な交流が，新たな技術やアイデアをもとに競争力のある商品を市場に送り出すイノベーションの源泉になっている現在，多くの国では国際競争力強化の観点から政策的に産業クラスターの形成に取り組んでいる。日本でも2001（平成13）年以降，地域における産官学連携によるネットワークの形成を核に，知的資源等の相互活用によって，新産業・新事業の創出と集積をめざす産業クラスター計画が進行中。地域の産業クラスターを苗床とする新しいベンチャーや中堅・中小企業等の新事業展開が期待される。

　　　　　　　　　　　　　　　　　　　　　　　　　　（長谷川一博）

グリーン・インベスター（green investor：環境投資家）

　グリーン・インベスターとは、「経済性」に優れているだけでなく、「環境性」も重視して評価を行う投資家である。近年、成長事業（水・輸送・再生可能エネルギー・リサイクル）へ資金投下する傾向にある。欧州では、温暖化対策から風力発電事業、太陽光発電事業、バイオマス発電事業などへの投資が拡大している。特にベンチャー投資家が注目しているのが、海洋発電事業（波力・海洋温度差・潮力）である。日本においてもエコ・ファンド（eco fund：環境基金）を通して環境ベンチャー育成の整備と活性化に向けた役割が期待される（http://business.nikkeibp.co.jp/article/world/20080327/151327/）。

（桜井武典）

形式知と暗黙知

　知識には2つのタイプがある。第1は、「形式知」で、文章、図表、数式など様々な形式で他人へ伝達が物理的に可能な状態になっている知識である。第2は、「暗黙知」で、直観、経験に基づくノウハウなど言葉や文章で表わすことが難しい主観的で顕在化しない知識である。「暗黙知」は、マイケル・ポラニー（ハンガリーの物理学者・哲学者）が提唱した概念である。人が経験により身につけた物の考え方、価値観など言語で表現が難しい知識であるために、隠れた知識であり、無形財産である。一方、「形式知」は、野中郁次郎（一橋大学名誉教授）が提唱した概念で、ドキュメント化され人々が共有可能である。彼はナレッジマネジメントの実践理論として、暗黙知と形式知の相互変換をモデルとして提唱している。

（田中宏司）

ゲーム理論

　ゲーム理論は，国や企業や個人など二人以上のプレーヤーが，相互に影響を及ぼしながら行動するときに，どのような意思決定をするかを数学で考える理論である。二人以上の意思決定は，チェスや将棋のゲームのように相手の出方を読まなければならないことからゲーム理論といわれる。経済学を中心に社会学・政治学などで広く使われる理論で，最近は生物学などでも使われる。伝統的なゲーム理論では，非常に賢くよく考える合理的なプレーヤーを想定し，このプレーヤーがどのような行動をとるかを考える。よく考える合理的な人というのは，理想状態で理論を作り，その後で複雑なモデルにして，理論を実際の人間の行動に近づけていこうとする。近年は，このような理想状態での理論構築はほぼ終えて，実験などにより理論を現実に近づけていく研究が行われている。

（秋山義継）

検索エンジン（search engine）

　検索エンジンとは，インターネット上のたくさんの情報の中から，特定のものを探し出すときに利用する検索専用のシステムのことで，サーチエンジンともいう。一般的に知られているYahoo, Infoseek, google, biglobeなどがある。検索のタイプには，キーワードで検索するタイプ，カテゴリー別に検索するタイプ，キーワードとカテゴリーの両方で検索するタイプの3つに大別できる。検索エンジンの中には，検索ロボットと呼ばれている情報収集用のプログラムが中にあり，自動で作業を行うものもある。また，情報収集した情報を内容にそって分類分けし，階層化するディレクトリ型検索エンジンと，特に分類分けはせず情報を蓄積する全文型検索エンジンに分けられる。最近では，たくさんの情報の中から特定のものを探し出す方法がある。

（金山茂雄）

コア・コンピタンス (core competence)

　企業の中核（コア）となるコンピタンス（能力・資質）のことで，特に他社を圧倒する競争力を持つ商品・技術・サービスなどを指す。提唱者のゲイリー・ハメル（Gary Hamel）とC・K・プラハラード（Coimbatore K. Prahalad）は，「コア・コンピタンスは組織内における集団的学習によるものであり，種々の生産技術を調整する方法と複数の技術的な流れを統合するもの」と定義している。その事例として，ホンダのエンジン技術，ソニーの小型化技術，シャープの薄型ディスプレイ技術などを挙げている。一般に，コア・コンピタンスに経営資源を集中し，不得意分野の売却・切り捨て・アウトソーシングなどを行う経営戦略を「コア・コンピタンス戦略」という。

（中村陽一）

公開会社と非公開会社 (public company and non-public company)

　公開会社と非公開会社とは，会社法において株式を売買，譲渡する際に株主総会や取締役会の承認を得ずに取引できる企業を公開会社という。また中小企業のように株主と取締役が同じ場合，会社が望まない人物に株式が渡り，経営が円滑に進まなくなるのを防ぐために定款で定めておく会社を非公開会社という。非公開会社は，公開会社でない会社，または譲渡制限会社と同義語である。新会社法では譲渡制限のある株式と譲渡自由の株式を同一の会社が発行している場合，公開会社となる。会社法および会社法施行令の該当条文：役員の選任（第74条），監査役の選任に関する議案（第76条），会計監査人設置会社の特則（第126条），招集の決定事項（第63条）。

（桜井武典）

合資会社 (limited partnership)

合資会社とは，無限責任社員と有限責任社員から構成される会社をいう。無限責任社員と有限責任社員は共に業務執行権・会社代表権を有するが（会社法590条1項・599条1項），無限責任社員が無限責任を負うのに対して，有限責任社員は会社債務について，直接に連帯して出資額を限度とする有限責任を負う（会社法580条2項）。また，会社法では，有限責任社員が退社し，無限責任社員のみ（1人も可）になった場合は，合名会社となる定款の変更をしたものとみなされ（会社法639条1項），無限責任社員が退社し，有限責任社員のみ（1人も可）になった場合には，合同会社となる定款の変更をしたものとみなされる（会社法639条2項）。合資会社は，社員の個性が重視され人的信頼関係を基礎とするという点では合名会社に近く，少人数の共同企業に適した会社形態であるといえる。

(松岡弘樹)

公正取引委員会

独占禁止法（およびその特別法である下請法や景品表示法も）を運用するために，内閣府の外局として設置された合議体の行政委員会。公正取引委員会は，私的独占，不当な取引制限，不公正な取引方法などの違法行為が行われた場合，事件について調査をし，審判を行うことができる。この調査は，職権探知，申告，課徴金減免制度（違反事業者が調査開始前に所要の情報提供などをした場合，課徴金が減免される制度）などを通じて得た情報に基づいて開始され，裁判官の許可状に基づく強制調査（臨検，捜索または差押え）も可能である。違法行為に対しては，排除措置命令，課徴金納付命令，刑事告発の権限があり，排除措置命令違反は犯罪となる。また，審判手続などに関する規則制定権が与えられている。

(宿谷晃弘)

合同会社 (limited liability company)

　合同会社とは，有限責任社員のみで構成され，会社の内部関係について，組合的規律が適用される特徴を有する会社類型をいい，会社法において新設された会社形態である。社員は原則として，業務を執行し（会社法590条1項），会社を代表する権限を有する（会社法599条1項）。また，持分の譲渡（会社法585条1項）・定款の変更（会社法637条）・株式会社への組織変更（会社法781条1項）等の重要事項については，原則として，他の社員の全員の一致を必要とする。破綻しても責任が出資額の範囲に限定されること，機関設計や社員の権利内容について強行規定がほとんどなく，広く定款自治に委ねられ，原則として会社の運営方法については社員が自由に決めることができることから，合弁事業や少人数で設立するベンチャー企業などに向いている会社類型とされる。
　　　　　　　　　　　　　　　　　　　　　　　　　　（松岡弘樹）

合名会社 ((unlimited) partnership)

　合名会社とは，会社の債務について直接に連帯して無限責任を負う社員（無限責任社員）のみから構成される会社をいう（会社法580条1項）。合名会社の社員は，無限責任という重い責任を負うと共に，原則として会社の業務の執行を行う権利・義務，会社を代表する権限を有し（会社法590条1項・599条1項3項），重要な事項は社員全員の一致によって決定される（会社法637条）。連帯無限責任原則に基づく合名会社においては，社員の数は自ずと限定されることになる。また，旧商法においては，社員が1人になることが解散事由とされていたが（旧商法94条4号），会社法においては，社員1人のみの設立・存続が認められる（会社法641条4号）。このように，合名会社は，社員の個性が重視され，その人的信頼関係を基礎としており，少人数の共同企業に適した会社形態であるといえる。
　　　　　　　　　　　　　　　　　　　　　　　　　　（松岡弘樹）

コーポレート・ガバナンス（corporate governance）

　一般的に「企業統治」と訳されている。狭義には，経営者と株主との相互関係や会社組織構造のあり方であるが，広義では，経営者を中心とする企業と，ステークホルダー（利害関係者）との総合的な関係のあり方を意味する。その本質は，企業経営に際して，経営の意思決定の迅速性や透明性を維持するとともに，経営者の事業経営が適切に運営されているかを監督・評価し，健全経営への動機付けを行っていく仕組みのことである。会社制度の発展に伴い，「所有と経営の分離」が行われたことにより，経営者を株主等ステークホルダーがどのように監視，牽制するかが課題となっている。ベンチャー企業としても，初期の段階からガバナンスの体制整備を目指して運営することが，社会の信頼を得て発展する礎となる。

（田中宏司）

国税局査察部

　財務省国税庁の地方支分部局である国税局の組織のひとつで，課税の適正性・公平性を確保するために，調査を行い，大口で悪質な脱税者を摘発して，検察官に告発する事務を所掌するもの。組織のあり方は各国税局によって様々であり，東京国税局や大阪国税局などでは，査察部とは別に大規模な法人等の調査を行う調査部が設置されている一方で，他の国税局においては，調査査察部というように調査部門と査察部門がひとつにされている。国税庁調査査察部は基本的に各国税局の指導・監督を行い，実際の査察調査は，各国税局に配置されている国税査察官が行う。この調査は，裁判官の許可状に基づく強制処分であり，これに基づいて通告や検察官への告発がなされる。

（宿谷晃弘）

国民生活金融公庫

　国民生活金融公庫は国が運営する法人のため，活動を自らが大々的に宣伝することは「民業を圧迫する」という理由で控えられている。しかし，全国主要都市に合計152支店を有し，巨大かつ身近な金融機関である。特に金利の低さや返済期間の長さ，融資対象業種の幅広さは民間金融機関の比ではなく，独立を考える者には，もっとも使いやすい金融機関といえる。「普通貸付」「新規開業資金」「女性・中高年起業家資金」など，新規開業者が利用できる融資制度のいずれも，担保もしくは保証人が必要であり，しっかりとした開業計画が求められる。身近な存在とはいえ，返済の可能性が低いような事業や人物に対しては当然ながら融資は実行されない。新規開業資金に関しては，一定の要件を満たす場合，上限750万円の範囲で無担保・無保証人の融資が受けられる。

（秋山義継）

個人情報保護法 (privacy protection law)

　個人情報保護法とは，情報技術の発展に伴い，個人情報の不正取得および不正利用が急増したことから2003（平成15）年に「個人情報の保護に関する法律」が成立，2005（平成17）年から施行された。同法では大量の個人情報を取り扱う民間企業，国および地方公共団体について規定している。個人情報とは氏名，性別，生年月日，職業など，ある特定の人物が識別されてしまうものである。こうした情報の取得や保存・利用には必ず，個人情報保護法に基づく個人の了解を得なければならず，もし同法を犯した場合，懲役および罰金刑に処せられる。電子商取引が急速に拡大したことから簡単にプライバシーが漏洩してしまうため，トラブルが多発している。

（桜井武典）

コラボレーション（collaboration）

　共同作業，共同研究，共同制作などを意味する。単純な役割分担，発注先と下請け関係などの作業は，作業全体を複数の部分に分割して作業するだけでコラボレーションではない。コラボレーションの特徴は，参加構成員が自立性や個性を発揮しながら，創造性を志向するところにある。複数の参加者は，競合関係，異業種関係の下での新たな創造を目指した相互作用を持つ共同作業を行う。したがって，知識の共有が重要なだけに，情報交換の効率化を目指すコミュニケーションが前提となり，最終的には共通の目的を実現することにより新たな知的財産を生み出す。コンピュータシステムを活用する共同作業では，データの共有，意思の疎通が必要であり，セキュリティの管理・維持，システム統合の安全性などが成功の鍵となる。

（田中宏司）

コンサルティング（consulting）

　各種企業に対して業務に関して専門知識を持ち，外部から客観的に業務事項を観察・分析し，問題点を指摘し対策を提示し，企業の発展を援助する業務のこと。本来の語義は「相談にのる」の意味であり，広義ではほとんどの企業が取引先に対して行っていることである。特にベンチャー系企業では定着している。コンサルティングを依頼する側の利点は①客観的第三者評価が得られる②新業種・新商品開発の際に未経験の情報が得られるなど。コンサルティングを行う人をコンサルタントと呼ぶ。彼らは当該業務の高度な専門知識・観察力・分析力・コミュニケーション力・体力など種々の資質が要求される。コンサルティング用語として3C・スパン・タスク・コンテンツなど一般社会でも使われている。

（山口隆正）

コンテンツ（contents）

　コンテンツとは，内容や中身という意味で，情報そのものをいう。インターネットのホームページに表示されている内容やサービス，またゲームや音楽・映画などソフトウェアの中身がコンテンツである。ほとんどがデジタル化された媒体であり，ＣＤ，ＤＶＤも含まれる。デジタル化されたコンテンツのことをデジタルコンテンツと呼ぶが，インターネットの普及でデジタルコンテンツとして音楽や映画などが配信サービスされている。また，新聞社ではオンラインで新聞の配信サービスが行われている。これも音楽・映画の配信サービスと同じように一つのコンテンツである。そして，生活に密着した天気予報，イベント情報，チケットの購入，電子掲示板など，さまざまなコンテンツがある。今後もデジタルコンテンツの普及が社会や生活に影響を与えていくと思われる。　　　　　（金山茂雄）

コンプライアンス（compliance）

　一般的に「法令遵守」といわれる。近年，「服従，応諾，承諾，追従」をベースに，「関係者の願い・要請などに対応する」と広く解釈されている。産業界では，「法令遵守」「法令等遵守」「倫理・法令遵守」という意味に使われている。企業不祥事の続発を反映して，企業戦略や企業存続のためにもコンプライアンスが重要課題である。最近では，コンプライアンスは，関係法令を守る「法令遵守」（狭義）を最低のベースに，「社内諸規則・業務マニュアル等社内規範の遵守」と「法の精神や社会の良識，常識等社会規範の遵守」を含めた広義で使われる場合が多い。誠実な企業として，社会から信頼されるためには，行動基準の制定，遵守体制などの実践体制を整備するとともに，倫理的な企業文化を醸成することが重要である。

　　　　　　　　　　　　　　　　　　　　　　　　　　（田中宏司）

さ行

サイエンスパーク（science park）

　大学等と連携をとり，地域の知識集約型・高付加価値な産業の形成と成長を促進し，管理者が入居企業に対して支援を継続的に行っている機関のこと（国際サイエンスパーク協議会定義）。日本においては，社会が成熟し，豊かな時代においても製造業については，高付加価値化の必要性と更なる挑戦する社会を構築するためテクノポリス法（高度技術工業集積地域開発促進法），民活法（民間事業者の能力の活用による特定施設の整備の促進に関する臨時措置法）が施行され，全国各地にサイエンスパークがつくられ支援体制が整備された。その後，日本経済はバブル崩壊による壊滅的な打撃を受けたが，米国におけるベンチャー企業の勃興と隆盛を鑑み，わが国においてもベンチャー企業の育成は急務であることから，設置の取り組みは増えている。テクノパーク，リサーチパークと道義。

（白土　健）

財団法人中小企業ベンチャー振興基金

　ベンチャー・ビジネスの振興を図るために設立された公益法人である。東京，名古屋，大阪の3つの中小企業投資育成株式会社が，1984年3月に出資し，設けられた。中小企業投資育成株式会社は，「中小企業投資育成株式会社法」に基づいて設立される，中小企業の自己資本を充実するため投資などの事業を行う公的機関である（東京：http://www.sbic.co.jp/；名古屋：http://www.sbic-cj.co.jp/；大阪：http://www.sbic-wj.co.jp/）。先端的・独創的な研究開発を行う中小企業や個人の研究者に対する助成事業を行っている。英記は，New High-Tech Venture Development Foundationであることから，略称はNEWTECが用いられている（NEWTECホームページ：http://www.newtec.or.jp/zaidan/index.html）。

（坂野喜隆）

財務会計 (financial accounting)

　企業の財務諸表を外部の利害関係者に報告するための会計である。企業のステークホルダーとして，株主，従業員，得意先，仕入先，金融関係，税務署，地域住民などがいる。財務会計は制度会計ともいわれる。財務諸表を作成する根拠となるのが，会社法や金融商品取引法，企業会計原則や法人税法である。株式会社は，多くの投資家から経営を委任されているので，受託責任があり株式会社の会計では，①債権者保護と株主保護を目的とした会社法会計，②投資家保護を目的とした金融商品取引法および③課税の公平を目的とした法人税法という法規制を遵守し作成され報告される。このような外部報告目的として，法律その他の社会的制度により規制や拘束を受ける会計を財務会計または制度会計という。　　　　　（飯野邦彦）

サプライチェーン (supply chain)

　サプライチェーンとは，商品が消費者の手元に届くまでには，原材料メーカーから小売店舗に至るまで，たくさんの企業が関わってくる。このつながり全体のことをサプライチェーン，また供給連鎖という。このサプライチェーンをコントロールする目的で考えだされたのがサプライチェーン・マネジメントである。メーカーや流通業者が抱えている在庫，商品の売れ行きなどに関する情報を，サプライチェーンで構成する企業が共有することで，製品の製造コスト低下，在庫の削減，物流業務の合理化，商品の供給の迅速化などサプライチェーン全体の最適化まで行う。つまり，開発，調達，製造，発送，販売といった各プロセスの数量と時間の最適化を実現したシステムである。　　　　　　　　　　　（金山茂雄）

事業アイデア

　事業アイデアなど自分には思いつかないと安易に取り組みを放棄しないことが重要である。では，どのようにアイデアを見つけたらよいかである。自分が考えている事業やそれに近い事業を見て，「こうすれば，もっとよくなる」という思いが浮かべば，それがアイデアのもとになる。その時の「こうすれば」は，商品やサービスなど事業者が消費者に提供する財や方法についてでもよい。よく見かける商品は，支持されているから見かけるわけである。よく見る販売・提供方法というのも同じことである。だから，全部を否定せずに，どちらかをよりよいものにするだけでも素晴らしい事業アイデアになる。もちろん両方とも優れたアイデアなら強力になる。ただ，新しすぎるものにはそれ相当のリスクが存在する。　　　　　（秋山義継）

事業計画書

　事業計画書を作成する目的は，まず第一に，ビジネスプランを整理し，問題点を分析把握し，目的に向かって決意を新たにすることである。単にビジネスプランを練り上げるだけでなく，自分自身の総決算を行うつもりで作成しなければならない。事業計画書には書式の規定はなく，自分自身が語りやすく，第三者に理解してもらいやすいように書くことが基本である。事業計画書に必要と思われる一般項目は以下のものである。①事業プラン名②事業コンセプト③市場環境④競合優位性⑤経営資源⑥市場アクセス⑦経営プラン⑧リスクと解決策⑨資金計画⑩創業過程のシミュレーション等である。どれが最低限必要なのか，これで十分ということはない。20分ぐらいで目を通せて，見る者に納得させる内容が備わっており，何よりも自信を持って説明できるかが，重要なポイントである。　　（秋山義継）

市場拡大戦略（market development strategy）

既存の市場が飽和状態になりつつある際，新しい市場を創造（開拓）する市場戦略を指す。企業は消費者のニーズ，ウォンツにより，「誕生」し，市場の満足を獲得することができれば，「成長」「成熟」する。しかし社会環境の変化，消費者の価値観の変化，競合他社の出現により，その商品やサービスは陳腐化あるいは飽和状態に陥り「衰退」へと突き進む産業の寿命がある。そのため，その市場での事業拡大が見込めなくなってきた時点で，新規の顧客を掘り起こし獲得をするために，海外進出や対象年齢，層を変え，市場自体を拡大する必要がある。　　　　　　（白土　健）

市場創造（market creation）

市場に潜在するニーズやウォンツを掘り起こし，専門的な技術による研究開発によって新しく市場を開拓することを指す。現代の多様化した市場の中では，個々の顧客自身も明確なニーズを認識していないが，供給側の企業の提案によって初めて顕在化するニーズも存在する。しかし，そのニーズに対応する商品やサービスを開発するには，具現化を阻害するコスト，技術力，法規制等の障害を解決しなければならず，技術革新が必要である。つまり，新しく市場を創造することは，「技術的要因（イノベーション）」「制度的要因（規制緩和）」の2つが必要であり，技術革新がなされたとき，それを使って新しい商品やサービスが開発，提供がされるのである。　　　　　　　　　　　　　　　　　　　　　　　　（白土　健）

シジョウカ

市場ニーズ調査 (marketing research)

　市場ニーズセグメント調査において,「マーケット・イン」(市場志向,顧客ニーズ主導) は,最も重要な考え方の一つである。商品開発の前提として目標とする市場を決め,その市場を知ることは欠くことができない。市場の二大要素は,商品（競合品）と顧客（生活者）である。商品については,既存商品や競合となる商品がどのようなポジションにあるかを明らかにすることが重要となり,顧客については,そのニーズを構造的に捉えることが重要となる。市場が求める価値から,自社が提供する価値が大きく外れると,事業スケールを広げることは困難になるため,現時点での市場ニーズの把握はもちろんのこと,今後どのようにニーズ変化していくのか,そのトレンドを見極める必要がある。世界的なメガトレンドに対しては,普遍性が高いブランドも,戦略的にメガトレンドに合わせて変化していくことが重要となる。
　　　　　　　　　　　　　　　　　　　　　　　　　　（秋山智美）

シナジー効果 (synergy effect)

　相乗効果は,ある要素が他の要素と合わさることによって単体で得られる以上の結果をあげること。企業が規模拡大,多角化するために隣接する事業分野や,川上川下の事業分野に進出する際,現在持っている経営資源を生かして低コスト,高効率の事業展開できること。
　例えば,ブックショップにコーヒースタンドを併設すると単体でつくるより建設コストが抑えられる上に集客能力が高まりお互いの売上が上がったりする。このように1＋1が2以上の効果を生むことをシナジー効果という。
　　　　　　　　　　　　　　　　　　　　　　　　　　（井上博文）

社外ベンチャー (outside-venture business)

　既存企業の内部に，革新を目的として新規事業に挑戦するときに，社外に別法人の社外ベンチャーを設ける。この社外ベンチャーは，既存企業からみて，出資比率100%の「子会社」から51%超の「子会社」，20%～50%の「関連会社」の種類に分けられる。また出資が複数以上の企業による場合は，筆頭株主から見た分類による。企業の中から生まれた社外ベンチャー企業は，独立系ベンチャー企業と比較して企業設立当初から資金面，人材面など経営資源において恵まれていることが多く，成功する確率は高いと考えられる。しかし恵まれた環境の中で新規事業を立ち上げているため，経営陣の資質として，最後は親会社が何とか支援してくれるであろうと起業家スピリットを持ち合わせていないケースが多く，当初計画していた成果を上げていないケースも少なくない。　　　　　　　（白土　健）

社団法人ニュービジネス協議会

　1985年9月，ニュービジネスの振興に寄与する日本最初の公益法人として，通商産業省産業政策局サービス産業課を主務官庁として設立された。ニュービジネス振興のための「政策提言」，ニュービジネスに関する様々な「研究・情報提供」，ニュービジネス起業家の発掘・育成の「支援事業」，会員企業の経営強化や経営者相互の研鑽のための「委員会・研究部会」を行っている。1980年代，日本においては，通商産業省を中心にニュービジネス・ベンチャー企業振興の立場から，業種業態を横断する組織を求める機運が高まっていた。任意団体であった日本成長企業経営者会議と素心会を合併させ，産業構造の変化に即応する切り札として社団法人化され，設立に至る。現在は経済産業省経済産業政策局・新規産業室がこの社団法人を所管している。英語表記は，The New Bussiness Conferenceであり，略称はNBCである(http://www.nbc-world.or.jp/gaiyo/gaiyo.html)。

　　　　　　　　　　　　　　　　　　　　　　　　　（坂野喜隆）

社内ベンチャー（intra-venture business）

　既存企業の内部に，革新を目的として新規事業に挑戦するときに，この社内ベンチャー組織を設ける。社内の人間が主体となり既存の組織とは別に新規事業プロジェクトチームを設立して，権限や位置づけを与えたものや，子会社等を設立して事業を開始する制度のことを指す。通称「企業内企業」とも「ミニ・カンパニー」とも称される。既存の事業部や，社内の価値観にとらわれることの無い組織を作ることができるのがメリットではあるが，リスクを恐れずに冒険的事業に挑戦するベンチャー企業とは別物とも言われる。その理由は，大企業の社員としての身分は保証されており，たとえ事業に失敗しても会社を追われることはなく，仮に成功しても金銭的に報われることは少ない。また会社に属する以上，様々な制約に縛られ，即断即決とはいかないことなどの問題も存在するため，大企業の社内ベンチャーは成功例が多くはない。　　　　　　　　　　　　　　　（成瀬敏郎）

収支計画

　収支計画とは，収入と支出の関係や，借り入れと返済の関係などを将来にわたって予測することで，可能な限り詳細にシミュレーションをする。独立前に準備する資金（開業資金）と独立した後に必要な資金（運転資金）を算出し，収支計画や資金調達計画の基礎となる数字を固めていくことである。あとは年数を経るごとに，各支出項目の金額がどう変化するかを予測・計画していけばよい。問題は収入の予測である。まず，自分の商品やサービスの価格を決定しなければならない。さらに市場環境や立地条件を加味して売り上げを予測する。最後に価格設定や販売体制などが見えたら，再度，支払いを検討して，収支の整合性をチェックしたうえで，計画書に反映する数字を決定する。加えて資金繰りも明らかにし，活動を継続するための資金を，どのくらい，どうやって確保するかを表すかである。

（秋山義継）

ジョイント・ベンチャー (joint venture)

　企業結合の一形態であり，経済の活力と生活の質の向上に寄与する事業（官公需・民需）を，複数の事業者が共同出資し行う共同企業体を指す。複数の事業者はパートナーであり，協定書の作成ならびに保証等の範囲が明確になされたうえで，連帯責任（経営責任）を負う。国家や企業が，新規分野や海外進出などの際，リスク軽減を考慮し，数社の企業が共同で合併企業を設立する。特に大型ビルや大型工場の建設，道路，鉄道，トンネル工事など建設産業で活用されている。これらは，一社単独では完成することが困難，または工事難易度が高く大規模なものであること等，リスクが高いものが対象とされ，企業結合により施工力を高めるメリットがある。平たくいえば，互いの強みや得意分野を生かすことにより，それぞれの効果を倍加し，事業を行うことである。創業間もない会社では，他社の商品やサービス，資産を利用し，収益を得るメリットがある。　　　（白土　健）

証券取引等監視委員会

　証券市場の適正性・公平性を確保し，市場に対する信頼を保持するために，証券取引や金融先物取引等を監視し，インサイダー取引や相場操縦などの違法行為を行った企業や個人を告発する委員会。1991年の一連の証券・金融不祥事を契機に，翌1992年に当時の大蔵省に設置された。その後，1998年設置の金融監督庁に移管され，さらに金融再生委員会に移管されたが，2000年の金融庁の設置に伴い，そのもとに移管され，現在に至る。取引審査等の日常的な証券市場の監視を行うとともに，違法行為を調査するため必要があるときは，任意調査（出頭の要求，質問，検査，領置等）だけでなく，裁判官の許可状により，強制調査（臨検，捜索または差押え）をなす権限が与えられている。　　　（宿谷晃弘）

情報技術 （ＩＴ：Information Technology）

　情報技術は，別の呼び名としてＩＴが広く知られている。ＩＴはコンピュータ技術と通信技術の融合された技術および社会的に応用されている技術の総称である。また，関連した用語としてはＩＣＴ（Information Communication Technology：情報通信技術）がある。2000年にはＩＴ国家を目指して「e-Japan」が発表され，ＩＴの産業革命こと「ＩＴ革命」の全盛期であった。また，情報通信技術やその周辺技術などが利用され，様々な商品が開発された。ＩＴは携帯電話などの移動体通信網，固定電話などの固定通信網の高速化・大容量化のインフラとそれらを支えている技術の飛躍的進歩によって，通信ネットワーク網が活用できるようになっている。活用例としては，ＥＣ（電子商取引），電子決済，インターネット・バンキングなどＩＴを利用したビジネスやサービスがある。　　（金山茂雄）

情報の非対称性 （asymmetric information）

　情報の非対称性とは，販売者と購入者の情報格差による市場での不平等性のこと。1963年，アメリカの理論経済学者ケネス・アロー（Kenneth Joseph Arrow, 1921年8月23日～）が指摘した。ある製品やサービスを購入する際に，その適正な品質や相対価格がわからないことがある。これは双方にトラブルが発生する可能性が高い。消費者は納得できるまで情報を知る権利があり，販売者は答える義務がある。一般的に市場では売り手が優位である。近年，インターネットで検索できるようになったため，消費者も以前に比べて一定の情報を把握できるようになった。一方で，先進国と途上国，あるいは若者と老人などのように情報技術に対応できる立場にあるか否かによるデジタル・デバイドの問題も顕在化している。情報の非対称性によって公正な取引に影響がでる。　　　　　　　　　　　　（桜井武典）

シリコンバレー (Sillicon Valley)

　米国カリフォルニア州，サンフランシスコ・ベイエリア南部に広がる。この地域から先端技術ビジネス（ソフトウエア・インターネット関連企業）が発生し，ＩＴ企業の一大拠点となった。シリコンバレーという都市は現存しない。シリコンバレーに本拠を置く先端技術企業で著名な企業はアップル，Google，Yahoo などがある。

　世界中でＩＴ産業として著名な地点を「シリコンバレー」と呼ぶこともあり，中国（北京市海淀区中関村）・台湾（新竹市）・韓国（仁川広域松島）・インド（バンガロール）・スコットランド（シリコングレン）があげられる。　　　　　　　　　　　　　　　　　　　　　　　　（山口隆正）

シルバーベンチャー (silver venture)

　高齢化社会において，従来からの要援護者等への施策とともに，援護を必要としない元気で活動的な高齢者への対応が施策の形成において不可欠な課題となってきている。元気な高齢者は，社会環境の変化，すなわち，人口構造，家族構成，就業構造，生活構造それぞれの変化によって従来にない特徴を持つようになってきた。短期的な就業の斡旋を行うものとして「シルバー人材センター」があるが，「長期的な雇用」，「自分の能力に合った仕事」，「やりがいのある仕事」などを希望する高齢者も多い。企業側にも高齢者の雇用への先入観を払拭するための高齢者雇用開発の実践事例を広く集めて紹介する必要があるだろう。今後，ますます企業側，高齢者の双方に働きかける職業紹介機能を整備し，シルバーベンチャーが輩出される仕組みづくりやサービスを提供することも期待される。　　（秋山智美）

新規創業

　新たに事業の基礎を築くことや，事業を開始することをいう。人々は，これまでの経験，知識，アイディア，技術など生かして，「独立して事業を始めたい」「自分の店を経営したい」との志を立てて，事業の開始に取り組む。そのためには，創業に必要な基礎知識，開業資金，ノウハウ，ビジネスプラン，人材確保，公的支援策の活用などをしっかりと準備する必要がある。さらに，新規創業は，リスク管理を前提に，自社の提供する製品・サービスの市場について発展性や安定性はどうか，他社との差別化の優位性はどうか，事業拡大の可能性はどうか，投資資金の収益性はどうか，人的ネットワークの活用はできるかなどを分析・検討したうえで，自分の志，感性，経営力に応じて開始することが求められる。　　　（田中宏司）

新興株式3市場 (newly 3 stock markets)

　ベンチャー企業専門の証券取引所のジャスダック，東京証券取引所のマザーズ，大阪証券取引所のヘラクレス（前身はナスダック・ジャパン）の3市場のこと。上場基準はほかの株式市場より緩く，設立間もないベンチャー企業に資金調達の道を，投資家にはハイリスク・ハイリターンのベンチャー投資の機会を提供する。ジャスダックには楽天やセブン銀行など937社，マザーズにＷＯＷＯＷやスカイマークなど198社，ヘラクレスに大阪証券取引所やスターバックスコーヒージャパンなど173社が，それぞれ上場。アンジェスＭＧや総合医科学研究所などの大学発ベンチャー企業の上場も目立つ。このほか小規模ながら，名古屋証券取引所のセントレックスをはじめ，札幌にアンビシャス，福岡にはQ-BOARDがある。

（長谷川一博）

新興市場

　新興市場とは，上場しているベンチャー企業の多くが属する市場の総称。ジャスダック証券取引所（945社），マザーズ（200社），ヘラクレス（112社），セントレックス（23社），Ｑボード（7社），アンビシャス（11社）がある。合計＝1,332社となっている（2006年9月）。1999年にマザーズが，次いで2000年にはナスダックが開設されたのは日本経済にとって衝撃的であった。株式上場とは従来，成長成熟企業の「出口」として認識されてきたが，そこに，将来に向けて成長可能なベンチャー企業などが上場できる「入口」としての役割が加わったからである。世界の新興市場で最も有名なのが，インテルやマイクロソフトなど有名ＩＴ企業も籍を置く米国ナスダック（NASDAQ）。欧州には，ＡＩＭ（ロンドン証券取引所），オルターネクスト（フランス中心の多国籍取引所ユーロネクスト）などがある。

（安達和年）

人材育成（human resource development）

　従業員として採用したヒトを人的資源として，潜在的な職業能力を開発・顕在化させ，その能力発揮意欲を昂進させること。ヒトは人的資源として，モノやカネ，情報などほかの経営資源と主体的に結合してはじめて企業活動に貢献できるが，結合の仕方によっては企業経営の成否を左右しかねない。ベンチャー企業の場合も同様である。ヒトを仕事に結びつけて活用するための人材育成は，企業業績の向上と従業員の自己実現という企業と従業員の双方にとって良好なwin-winの関係を構築するうえで重要な課題である。人的資源が時間の経過とともに質的に変化することや，企業が必要とする労働サービスも一定でなく質・量ともに変化することから，人材育成には長期的視点からの管理活動が求められる。　　（長谷川一博）

新創業融資制度

　社会や経済の安定，発展のための政策として国が，キャピタル・ゲインを得ることを目的として民間が，起業，新分野進出に関する資金等の支援制度を実施しているが，この制度は国民生活金融公庫が，事業計画（ビジネスプラン）の的確性を認めれば，開業時または開業後に必要となる事業資金を無担保・無保証で融資を行う制度。条件は，融資額は1,000万円以内。金利は基準金利＋1.2％。対象は，①雇用（パート含む）創出を伴う事業を始める者②技術やサービス等に工夫を加え，多様なニーズに対応する事業を始める者③開業後，税務申告を2期終えていないことなどの要件がある。返済機関は運転資金の場合は5年以内，設備資金は7年以内（いずれも据置期間6か月以内）である。
　　　　　　　　　　　　　　　　　　　　　　（白土　健）

ステークホルダー（stakeholder）

　企業の経営活動の存続や発展に利害関係を有する個人，組織をいう。具体的には，顧客・消費者，従業員，株主・投資家，地域社会・地球環境，取引先，競争企業，業界団体，政府関係者，ＮＰＯなど企業を取り巻く様々な利害関係者を包括的に意味している。ステークホルダーとの関係は，歴史的・社会的影響を受け，時代により変化している。企業の基本的な使命は，社会に対して良質な製品やサービスを提供することにあるが，その際多様なステークホルダーとの利害関係が発生する。近年多発している企業不祥事は，消費者・顧客，社会などステークホルダーへの配慮の欠如が大きな原因である。企業は，ステークホルダーとのバランスと調和のある良好な関係を構築することにより，持続的発展を実現することができる。
　　　　　　　　　　　　　　　　　　　　　　（田中宏司）

ストックオプション（stock option）

　ベンチャー企業のアキレス腱である人材難を解消するため，能力ある役員や従業員に対して，厚く報いる制度（新株引受権の付与）である。ベンチャー企業の株式を役員や従業員に，あらかじめ定めた安い価格で買う権利を与えるもので，市場での株価が権利行使価格を上回るほど，利益が出る。これにより従来の日本における企業の常識を超え，社のステイタス，人気を高め，さらなる優秀な人材を獲得できるメリットに加え，経営者，役員，従業員の勤労意欲を高めるメリットがある。またベンチャー企業の保護，促進の視点から，税において優遇措置があり，ストックオプションの権利行使時点での経済的利益には，一定の条件を満たせば課税されない（優遇措置＝課税の繰り延べ措置）。　　　　　　　　　　　（白土　健）

成果主義（performance-based practices）

　従業員の顕在的な成果や結果に基づいて評価・処遇する人事制度。従業員のもつ潜在的な職務遂行能力に着目した能力主義と対比的に用いられる。成果主義を導入する企業の多くは，従来の職能資格制度を基盤としつつも，年次と年功による調整という人事考課の弊害を克服するため，業績評価では目標管理を採用し，それを年俸制や月俸（月給）制によって賃金に反映させる。上司（管理職）と部下の間で，当該期間の達成目標を期首に設定し期末に達成度を評価する目標管理制度では，業務目標は部下が納得したうえで，あるいは自発的に設定されるので，内発的なモチベーションが働くと考えられる。目標の設定が本人の職務遂行能力に照らして適切かどうか，日常的なコミュニケーションのあり方が問われてくる。

　　　　　　　　　　　　　　　　　　　　　　　　　　（長谷川一博）

生物進化 (evolution)

　生物の遺伝的形質が世代を経る中で次第に変化し，多様化・複雑化していく現象のこと。生物進化を科学的に方向付けたのはイギリスのチャールズ・ダーウィン (Charles Darwin, 1809～1882) である。彼は，『種の起源』(1859) のなかで，生物は自然選択と適者生存によって，環境に適応するように進化することを明らかにし「進化論」を説いた。今では，生物は単純な生命体から複雑な形態へと進化し多様化したことが，系統分類学・遺伝学・発生学・分子生物学など様々な分野の研究から裏付けられている。進化論は神が人間や生物を創造したとする「創造論」に取って代わるもので，19世紀から20世紀の社会思想にも大きな影響を与えた。

(中村陽一)

生命論パラダイム

　近年，従来の「機械論パラダイム」からのパラダイムシフトとして，生命論パラダイムが注目されている。機械論パラダイムは，「要素還元主義」と「機械的世界観」のもとに，世界を「巨大な機械」とみなし，それを各部品に分けて分析し理解しようとするもの。その変革のためには「設計」と「制御」が重視される。これに対して，生命論パラダイムにおいては，組織や社会，さらには世界を「巨大な生命」とみなす。生命の本質は，「静的な構造」にではなく，構造を一定に維持する「動的安定性」や，体内の状態を一定に保つ「恒常性維持機能」（ホメオスタシス）などの「プロセス」にある。そのため，生命論パラダイムでは，組織や社会を継続的に変革するための方法として，「自己組織化」を重視する。

(中村陽一)

総会屋に対する利益供与

　株主総会の議事を円滑に進めるために，総会屋（株主の権利を濫用して総会の議事を妨害し，あるいは他の株主の権利行使を妨害し，会社のために議事を円滑に進行させる等により，不正な利益を得る者）に対して利益を提供すること。1981年の商法改正により利益供与罪の規定が設けられ，総会屋だけでなく，会社側も処罰されることとなった。処罰の対象となる会社側の行為は，取締役などが，株主の権利の行使に関し，会社の計算において財産上の利益を供与すること，総会屋の行為は，情を知って，利益供与を受け，または第三者にこれを供与させること，利益供与を要求すること，威迫により利益供与を受け，あるいは要求することである（会社法970条）。この他，株主代表訴訟の対象にもなり得る。　　　（宿谷晃弘）

創業支援

　技術革新のスピードが速く，事業化に対しても機敏さが求められる中で，新たな産業集積においての創業者は必ずしも熟練した職人ではない。むしろ大企業からのスピンアウトや大学からの創業，他地域からの参入が多い。技術がどんどん変化していくので，もとの職場での経験が役立つとしても，創業する分野は全く別分野であることが多い。素早い事業化のためには，資金供給する投資機関やコンサルタントなどの専門的支援人材，地域の関連産業とのネットワーク構築を仲介する機関など，創業を専門に扱う様々な支援機関が必要になる。競争優位を持つ産業集積として例示されるのがシリコンバレーであり，その強さは，情報通信産業における技術革新の速さとその事業化の速さにある。　　　　　　　　　　　（秋山義継）

創業支援型ベンチャー・キャピタル

　ベンチャー企業の創業期から投資などをして積極的に参加支援していくことを目的としたベンチャー・キャピタルである。独立系のベンチャー・キャピタルは，シード段階，スタートアップ段階，成長初期の段階の投資に特化する傾向がみられる。ベンチャー企業の資金調達方法には，わが国の間接金融主導型の金融システムにより，資金調達が思うように進まない。創業支援型ベンチャー・キャピタルの登場により，ベンチャー企業の資金調達が可能となる。ベンチャー企業への融資制度の積極的な改革が行われない以上，生成発展は望めないのも事実である。ベンチャー企業の中には，資金調達の緊張性からハイリスク，ハイリターンの投資に手を出し経営破綻へと追い込まれるケースも多々みられる。　　　　　　　　　　（飯野邦彦）

相場操縦

　有価証券の売買や市場デリバティブ取引などの状況に関して他人に誤解を生じさせる目的をもって不正な手段によって有価証券の相場を人為的に操作し，不当な利益を得ること。行為類型としては，同一人または2人以上の者によって行われる仮装取引である仮装売買・馴合売買，現実売買による相場操縦（変動操作），および相場をくぎ付けし，固定し，または安定させるために人為的な相場の操作を行う，違法な安定操作取引が挙げられる（金融商品取引法159条）。行為者には，10年以下の懲役もしくは1,000万円以下の罰金，さらに財産上の利益を得る目的で違法行為を行った者には，10年以下の懲役および3,000万円以下の罰金が科せられる（197条）。証券取引等監視委員会が違法行為の調査，告発をなす。

（宿谷晃弘）

ソーシャル・ベンチャー（social venture）

　政治や行政（自治体）について国家の問題とされていた社会的問題に対して，ビジネスの手法を使って問題解決し社会に貢献することを目的とするのがソーシャル・ベンチャー企業である。社会的問題を解決することで収益を獲得し，永続性（ゴーイングコンサーン）も追求する企業がソーシャル・ベンチャーであり，社会起業家といわれる。任意団体として地方自治体や公共団体に登録しそれらの施設を利用し活動しやがてＮＰＯ（非営利活動法人）や企業（株式会社）へと発展する起業家もいる。社会起業家の育成についての法的整備，教育システムの構築が最近わが国でも整備されつつある。社会貢献のための社会貢献モデルとキャッシュ・フロー獲得のためのビジネスモデルの２つを併せ持つのがソーシャル・ベンチャーである。

（飯野邦彦）

組織文化

　ある特定の集団で共有される価値観や考え方，信念，行動規範など。意識的なものや無意識のもの，明示されたものや不文律のようなものなど複合的要素から成り立つ。社風・社訓・企業理念もこの中に含まれる。創業者の考え方や，企業の歴史的発展の経緯の中から醸成される場合が多い。従って，創業期に形成された組織文化が，長期にわたって持続されることが多く，一般にそれを変えることは困難である。組織文化が浸透すると，構成員の考え方・態度・行動をコントロールすることができる。そのため，組織文化が上手く機能すれば，効率的で強力な組織管理ができ，企業競争力の向上につながると期待される。

（中村陽一）

損失補填

　証券会社が有価証券売買取引等から生じた損失を穴埋めすること。金融商品取引法では，①事前の申込・約束行為（顧客に損失が生じ，またはあらかじめ定めた額の利益が生じない場合，その全部または一部を補てんし，または補足するため当該顧客または第三者に財産上の利益を提供する旨を，申し込み・約束し，または第三者に申し込ませ・約束させる行為），②事後の申込・約束行為，③損失補填・利益追加の実行が禁止されている（39条）。損失補填は，もともと処罰の対象とされていなかったが，1991年の一連の証券不祥事を受けて証券取引法（現金融商品取引法）が改正され，処罰規定が新設された。違反者には，3年以下の懲役もしくは300万円以下の罰金，法人には3億円以下の罰金が科される。　　　　　（宿谷晃弘）

た行

大学等技術移転促進法

　1998年に施行された大学等技術移転促進法は，大学等から生じた研究成果の産業界への移転を促進し，産業技術の向上，および新規産業の創出を図るとともに大学等における研究活動の活性化を図ることを目的とした法律である。正式名称は，「大学等における技術に関する研究成果の民間事業者への移転の促進に関する法律」。この法律に基づいて，全国の大学に研究開発成果を産業界に移転するための技術移転機関（TLO：Technology Licensing Organization）が相次いで設置された。また，同法によれば，特定大学技術移転事業の内容として，大学における企業化しうる研究成果の発掘・評価・選別，研究成果に関する特許権等の取得・維持・保全，研究成果に関する技術情報の提供，特許権等に関する企業への移転等，企業への移転等によって得た収入の配分などが定められている。

　　　　　　　　　　　　　　　　　　　　　　　　（太田　実）

対価の柔軟化

　旧商法においては，吸収合併・吸収分割・株式交換を行う場合，金銭その他の財産のみを交付し，株式を全く交付しない処理を行うことはできないものとされていた。会社法においては，主に企業買収の容易化という観点から，金銭その他の財産での対価支払いを可能にする，いわゆる組織再編行為時における対価の柔軟化を認めている（会社法749条1項2号他）。対価の柔軟化により，消滅会社・分割会社等の株主に金銭のみを交付する交付金合併（キャッシュ・アウト・マージャー）や合併における存続会社がその親会社の株式を対価として交付する合併（三角合併）などの企業再編が可能となり，企業選択の選択肢が広がることになった。対価の柔軟化に関しては，各会社が企業防衛策等を準備する期間の必要性に鑑み，会社法の施行の日から1年後の平成19年5月に施行された（会社法附則4項）。

　　　　　　　　　　　　　　　　　　　　　　　（松岡弘樹）

大気汚染防止法

　1968年（昭和43）法律第97号。大気汚染防止のため，工場等での事業活動や建築物等の解体等に伴うばい煙，および自動車排出ガスを規制する法律。大気汚染に関しては，本法以前に，「ばい煙の排出の規制等に関する法律」があったが，1967年の公害対策基本法の制定を受けて，本法制定。本法では，環境大臣は，自動車排出ガスの量の許容限度を定めなければならないとされる（法19条）。また，1995年の改正により，19条の2が加えられ，上記許容限度を定めるにあたり，「自動車排出ガスによる大気の汚染の防止を図るため必要があると認めるときは，自動車の燃料の性状に関する許容限度または自動車の燃料に含まれる物質の量の許容限度を定めなければならない」とされた（自動車燃料規制の導入）。　　　　　（宿谷晃弘）

男女雇用機会均等法（Equal Employment Opportunity Act）

　女性が性別を理由とする差別を受けることなく能力を発揮することができるように雇用環境を整える目的で定められた法律で，1986年4月に施行された。女性が働きやすい環境を整えるため，募集・採用から，職場の配置・昇進，教育訓練の機会などの面でも差別の禁止，女性のみや男性のみの募集，性別による採用人数の設定などを禁じている。違反があれば，各都道府県にある労働局の雇用均等室が是正を指導し，応じない企業は公表される。2007年4月に施行された改正法では，性差別禁止の範囲が拡大され，セクハラの保護対象が男性にも広げられた。セクハラに関しては，事業主の配慮義務が明文化されたことで損害賠償請求を起こしやすくなり，加害者だけではなく企業の責任も問われることになっている。

（秋山義継）

知識創造

　現代の知識社会おいて，知の生産を高めるために，情報を知識化して創造することを意味する。知識には，ドキュメント化されて他人へ伝達可能な形式知と言語などでのドキュメント化が難しい暗黙知の2つのタイプがある。野中郁次郎（一橋大学名誉教授）は，両方の知識が相互補完の関係にあるので，暗黙知が形式知に，形式知が暗黙知に変換され，それがスパイラル状に上昇する時に，知識創造が組織的に生み出されると，ナレッジマネジメントの実践理論として，両者の相互変換モデルを提唱した。知識創造を促進するには，①経営戦略について知の視点からみること，②コンピュータシステムの必要性があること，③全員がコア・スキルを共有すること，④組織が機動的で管理できること，などが必要である。

（田中宏司）

知的財産 (intellectual property)

　知的活動から生じた財産的価値を有する情報を知的財産と呼び，これら知的財産から生じた権利の総称を知的財産権（intellectual property right）である。知的財産は私たちの身の回りにあふれている。各種製品には，数千の知的財産で保護されているものがある。ただ，知的財産権は，製品である有体物の保護をするのでなく，製品の中にある情報を保護している。情報は無体のもので，有体物について定める民法では保護されず，別に知的財産法で保護する必要がある。知的財産は他人の無断利用に対して非常に弱いのが特徴である。そこで，知的財産法は，発明者や創作者に独占利用の権利を与えて，その経済的利益を守ることで新たな発明や創作へのインセンティブを与えている。知的財産権は，独占的利用の付与，他人に模倣を禁止する権利である。

（秋山義継）

中小企業基盤整備機構

　ベンチャー・中小企業の経営や人材育成の支援を行う独立行政法人である（中小企業基盤整備機構ホームページ：http://www.smrj.go.jp/）。独立行政法人中小企業基盤整備機構法（平成14年法律第147号）により，2004年7月に設立された。中小企業総合事業団（信用保険部門を除く），地域振興整備公団（地方都市開発整備等業務を除く），産業基盤整備基金（省エネ・リサイクル分を除く）の3つの特殊法人を統合したものである。この独立行政法人の事業内容は，創業・新事業展開の促進，経営基盤の強化，経営環境変化への対応，産業用地の提供などが掲げられている(http://www.smrj.go.jp/kikou/gaiyou/000976.html)。　　　　　　（坂野喜隆）

中小企業挑戦支援法

　2003年に施行された中小企業挑戦支援法は，3つの法律（新事業創出促進法，中小企業等協同組合法，中小企業等投資事業有限責任組合契約法）の一部改正から構成されており，組織面・資金調達面から中小企業の挑戦を支援する措置を講じ，経済活性化・雇用拡大の原動力として，活力ある中小企業等の育成・発展を図る目的で制定されたものである。旧商法の下では，会社設立時の経営基盤の強化，従業員・取引先などの債権者の保護を主たる目的として，起業時に，株式会社は1,000万円，有限会社は300万円の最低資本金を準備する必要があったが，中小企業挑戦支援法においては，最低資本金制度に係る特例を設け，新たに起業する者について，最低資本金制度の適用を受けない会社の設立を認めるとともに，設立後5年間は当該制度を適用しないものとした。会社法の制定に伴い，最低資本金制度の適用の特例は恒久化された。　　　　　　　　　（松岡弘樹）

チュウショ

中小企業の範囲 (scope of small-and-medium enterprise)

中小企業基本法では，中小企業政策の対象となる中小企業を，製造業・その他の業種では，資本金3億円以下または従業員規模300人以下，卸売業では1億円以下または100人以下，小売業は5,000万円以下または50人以下，サービス業は5,000万円以下または100人以下と定義する（正社員に準じたパート労働者は従業員に含む）。だが，これはあくまでも原則であり，中小企業の範囲は法律や制度によって異なる。法人税法では，中小企業軽減税率の適用範囲を資本金1億円以下企業と定め，中小企業金融公庫法等の中小企業関連立法では，政令によりゴム製品製造業は3億円以下または900人以下，旅館業は5,000万円以下または200人以下，情報処理サービス業は3億円以下または300人以下を中小企業としている。

（長谷川一博）

著作権法

1970（昭和45）年法律第97号。著作物（「思想または感情を創作的に表現したものであって，文芸，学術，美術または音楽の範囲に属するもの」法2条1項1号）等に関して著作者の権利（および実演家，レコード製作者，放送事業者および有線放送事業者に認められた著作隣接権）を定めると同時に，それら著作物等の公正な利用に留意しながら著作者等の権利の保護を図り，文化の発展に寄与することを目的とする法律（法1条）。著作権の保護期間は著作者の死後50年までとされる（映画の著作物の著作権は，その著作物の公表後70年）。紛争について文化庁に著作権紛争解決あっせん委員を置き，違法行為について罰則を設けている。2006年の改正により，著作権侵害等に係る法定刑が大幅に引き上げられた。

（宿谷晃弘）

テクノロジー・アセスメント（technology assessment）

　技術評価という意味である。米国で1967～68年頃に生まれた概念で，新技術に伴って起こる環境や一般社会に対するマイナスの要素を事前に予測して対処する考え方である。かつては未来論の一環として技術予測（technology forecast）がいわれたが，これは技術発展によるプラスの要素を予測して，社会をそれに合うように計画しようとするものである。そうした技術観が逆転し，米国では1967年にＴＡ法案が下院に提出され，72年に米国議会技術評価局（ＯＴＡ）が設置された。日本でもその影響で70年代に当時の通産省，科学技術庁でＴＡ（原子力や農薬など）が実施された。近年，テクノロジー・インパクト・アセスメント（ＴＩＡ）が唱えられ，ハイテク技術が社会に導入された時の社会的混乱の評価が行われている。

（秋山義継）

デビットカード（debit card）

　デビットカードとは，金融機関のキャッシュカードのことで，お店で買い物をする際にその商品の代金は金融機関のキャッシュカードで支払いができるようにしたものである。デビットカードの使用にはデビットカードが使えるお店（Ｊ－デビット加盟店）でなければならない。従来から買い物をする際，金融機関のＡＴＭで現金を引き出して商品の金額をお金で払っているが，デビットカードの利用でＡＴＭから現金を引き出す手間がはぶけることになる。デビットカードはもちろん電子決済の処理手段の一つであり，ＩＣカード型電子マネーとよく似ている。また，クレジットカードの場合は，後で請求が届くが，クレジットカードと異なり，その場で決済処理ができるメリットがある。お店側から見ても，釣り銭の間違いや現金の運搬・保管の手間がはぶけるなどのメリットがある。　　（金山茂雄）

テクノロジ

電子マネー（electronic money）

　電子マネーとは，日常生活で使われている貨幣の持っている貨幣価値をデジタルデータに置き換えたものである。もともと現金やクレジットカードの代わりに使うICカード型電子マネーと，インターネットで使うEC（電子商取引）の決済手段として使われるネットワーク型電子マネーの2つのタイプがある。ICカード型電子マネーはICチップに金額情報が記憶されているカードを使い，お店の端末から支払う。一方，オンライン・ショッピングのようなインターネットを利用して商品を購入する際の決済処理の手段が，ネットワーク型電子マネーである。今では，特にモバイルSuicaなどの「プリペイドタイプ」，PASMO，ICOCA，PayPassなどの「カードのみタイプ」などがある。

（金山茂雄）

東京商工会議所

　主として，東京都内に事業所をおく企業や団体で運営されている商工会議所である。1878年に設立され，会頭は日本商工会議所会頭も兼任することになっている。初代会頭は，渋沢栄一であり，2008年10月現在の会頭は岡村正・東芝会長である。会員数は80,063件（平成20年4月現在），支部は東京23区にある。資金，人材，ビジネスチャンス，安心，信用，創業の分野で，多彩な経営支援そして地域振興，まちづくり活動，活力ある経済社会をめざす政策活動を行っている。略称は，東商であり，英称はThe Tokyo Chamber of Commerce and Industry，英略称はTCCIである（東商ホームページ：http://www.tokyo-cci.or.jp/）。

（坂野喜隆）

投資事業組合

　投資事業組合とは，投資家から出資を受け，ベンチャー企業の株式などに投資をし，キャピタル・ゲインを得て投資家へ配分するといったことを行う，ファンド運用の組織である。その仕組みは，まずベンチャー企業を支援する投資家が，ベンチャー・キャピタル等によって組成された投資事業組合に投資する。次に，ベンチャー・キャピタルは投資事業組合が集めた資金をベンチャー企業に投資するが，この企業が株式の公開を果たすなどしてキャピタル・ゲインが得られた場合，ベンチャー・キャピタルの成功報酬を控除した額が出資時の持分割合に基づいて投資家に配分される。なお，投資事業組合を組成したベンチャー・キャピタルは，投資先企業の決定，投資後の成長支援など通常と同じ業務を行い，投資事業組合からも報酬を得ている。
　　　　　　　　　　　　　　　　　　　　　　　　　　（太田　実）

特別背任

　株式会社の取締役等が，自分の利益などのために，任務に背く行為をして会社に財産上の損害を加えること。背任罪の特別法で，より重い責任を負う者による行為をより重く処罰するもの（背任罪が5年以下の懲役または50万円以下の罰金であるのに対して，特別背任罪は10年以下の懲役または1,000万円以下の罰金）。要件は，①主体（発起人，取締役，監査役など），②図利・加害目的（自己もしくは第3者の利益を図りまたは株式会社に損害を加える目的），③任務違背行為，④財産上の損害の発生である（会社法960条）。典型例としては，回収の見込みがないのに無担保あるいは担保の不十分な貸付を行う行為，合理的な範囲を超えて，寄付・政治献金・選挙資金のための会社財産を支出する行為などがある。
　　　　　　　　　　　　　　　　　　　　　　　　　（宿谷晃弘）

独立行政法人

　独立行政法人通則法第2条第1項に「国民生活及び社会経済の安定等の公共上の見地から確実に実施されることが必要な事務及び事業であって、国が自ら主体となって直接に実施する必要のないもののうち、民間の主体にゆだねた場合には必ずしも実施されないおそれがあるもの又は一の主体に独占して行わせることが必要であるものを効率的かつ効果的に行わせることを目的として、この法律及び個別法の定めるところにより設立される法人」。つまり、国立の博物館・美術館などを独立させ、新しく法人格を付した機関。詳細な分類は特定独立行政法人（公務員型8法人、造幣局など）と非特定独立行政法人（非公務員型93法人、国際交流基金など）が存在する。

（山口隆正）

独立資金

　独立資金の調達方法には、①融資を受ける。つまり、借り入れることである。②出資を受ける。会社など、法人の一部または全部の所有者になってもらう。この、どちらを選択するか（両方を選択する場合もある）の基準にも2つある。第一は、調達したい金額の大小である。金額が大きいほど出資が適し、金額が小さいほど融資が適する。融資の場合は、無担保で借り入れることできる金額には限度があり、担保が必要になることがある。大きな金額を調達したい場合には、やはり、担保でなく、事業計画の内容次第で資金調達が図れる出資のほうが現実的である。第二は、他人から経営に干渉されるのが嫌かどうかである。出資は、出資者にその法人の所有者になってもらうことなので、出資金は返さなくてもいいが、経営的なことについて口を出されることになる。

（秋山義継）

特例有限会社

　有限会社とは，出資額を限度とする間接有限責任を負う社員から構成される会社をいう（旧有限会社第17条）。従来，株式会社に関しては旧商法第2編第4章，有限会社に関しては旧有限会社法に各々規定が置かれていたが，会社法の制定により，第2編に両会社類型が統合されて，株式会社として規定が置かれることになった。これにより，従来の有限会社制度は廃止されることになり，既存の有限会社については，会社法の規定による株式会社として存続することになった（会社整備第2条1項）。このような会社を特例有限会社というが（会社整備第3条2項），特例有限会社への移行にあたっては，定款変更・変更登記などの措置は原則として必要とされない。特例有限会社であっても，定款を変更してその商号中に「株式会社」という文字を用いる商号の変更をし，この定款変更を登記することにより，株式会社へと移行することもできる（会社整備45条・46条）。

（松岡弘樹）

ドッグイヤー

　犬の成長（犬が歳をとるスピード）は，人間の7倍といわれる。今日の企業を取り巻く環境のスピードは過去7年で起こったことが，1年で起こるくらい激変しているというたとえである。企業の商品，製品のライフサイクルは短いものとなり，研究開発型企業では常にイノベーションが要求される。インターネットの普及により，世界の情報を瞬時に入手することを可能とした。このインターネットの情報技術分野（ＩＴ産業）では，ドッグイヤーにたとえられる。このインターネットの分野では他の業界の7年分に相当することが1年で起こるというたとえでもある。企業を取り巻く環境は激変し昨日まで通用していた技術が今日になったら適用しない。技術の寿命が短くなり，新技術が次々と誕生する時代に企業は生きているのであり，新技術の開発に日夜研鑽することが要求される。

（飯野邦彦）

ドメイン (domain)

　ドメインとは，一般的にはネットワークに接続しているコンピュータの場所を示すインターネット上の住所をいう。ドメインの取得は先着順になっていて基本的には先に取得した人がいた場合，後から申請しても取得できないことになっている。ドメインの種類は，世界の様々な人々が利用するため，国や目的によって分類されており，国際的に認定された機関が管理している。例えば，営利組織向け（.com），ネットワーク関連向け（.net），非営利組織向け（.org），情報サービス向け（.info），ビジネス用途向け（.biz），個人向け（.name）と分類できる。また国や地域に特化したドメインは，日本の場合（.jp）で日本国内に住所を持つ組織・個人・団体が取得可能である。

　　　　　　　　　　　　　　　　　　　　　　　　　　（井上博文）

ドラッカー，P．F．(Drucker, Peter Ferdinand：1909〜2005)

　オーストリア生まれの経営学者である。ベニントン大学，ニューヨーク大学教授を経て，2003年まで，カリフォルニア州クレアモント大学院教授を歴任した。経営学のあらゆる分野に通じ，GM，フォードなどの会長の相談相手となり，様々な企業の助言者としても活躍した。「体系としてのマネジメント」の生みの親であり，「現代経営学」あるいは「マネジメント」（management）の発明者と呼ばれる。39冊の著書があり，いずれも世界中の主要言語に翻訳された（イーダスハイム，エリザベス・ハース『P．F．ドラッカー－理想企業を求めて』（上田惇生訳，ダイヤモンド社，2007年））。イノベーションについては，『イノベーションと企業家精神－実践と原理』（ダイヤモンド社から1985年，1997年，2007年の訳本あり）のなかで，独自のその概念を述べている。

　　　　　　　　　　　　　　　　　　　　　　　　　　（坂野喜隆）

な行

ナレッジマネジメント（knowledge management）

　知識社会においては，知識こそが企業の永続的な競争優位性を生み出す最も根源的な資源であることが認識され，ナレッジマネジメントが重要な経営課題になっている。企業の競争優位の確立や企業価値の増大を目的として，組織内外に存在する知識を共有化し，活用し，さらに新たな知識の創造を行うことを意味する。人，カネ，もの，情報の4つが経営資源と呼ばれる。このうち，情報資源は知識も含むもので，同時多重利用可能な資源という性格を持っている。そればかりか他の資源をいかに効果的に活用できるかは，情報資源の活用次第である。この知識は形式知と暗黙知，あるいは組織知と個人知に分けられるが，暗黙知や個人知を集約し，形式知や組織知に転換・拡大していくことで，価値創出力を引き上げていこうとするものである。

（秋山義継）

偽ブランド

　有名ブランドの名称，マーク，模様などを模して製造された商品のこと。コピーあるいはレプリカなどと称して売られているものと，精巧に作られ，本物と見分けがつかないものとがある。これらの商品を製造し，販売し，輸出入し，あるいは販売目的等所持したりする行為は，商標法や不正競争防止法などに違反する行為であり，違反した場合には刑事罰が科せられる。近年では，露店で売られるだけでなく，インターネットのオークションや掲示板などでも売られている。このため，偽ブランドを購入してしまうというだけでなく，個人が安易に偽ブランドの販売等に従事してしまい，摘発されるケースも増えており，警察のホームページなどで注意が呼びかけられている。

（宿谷晃弘）

ニッチ（niche）

　本来は像や装飾品などを飾るため壁面に設けた窪み（隙間），あるいは生物の生態的地位を表す用語。そこからマーケティングの分野では，潜在的な需要は見込まれるものの誰も手をつけずに隙間状態になっている市場を意味する。既存の商品・サービスに満足していない消費者が存在している以上，ニッチ市場の可能性は多分野に広がり，中小企業やベンチャー企業は経営資源を集中させることで早期に競争優位性の構築を目指すことができる。ニッチ・ビジネスの例としては，10分間1,000円の散髪サービスや文房具通販，特定国・地域や秘境・グルメの旅などに特化した専門旅行，訪問介護，輸入雑貨，年商17億円の歯間ブラシなどがあり，コンビニや宅配便もニッチ戦略によって成長を遂げた業界といえる。　　（長谷川一博）

ニッチャー企業（nicher）

　ニッチャー企業とは，大手が参入しているような市場ではなく，ある特定の狭い領域（ニッチ）において確実に収益が得られる市場で独占的地位を狙う企業のこと。この隙間分野で事業を推進していくには専門的知識や特殊技術が必要である。ニッチャー企業は中小零細企業のため経営資源も少ない。どのカテゴリーにどのくらい資本投入すべきか，独自のニッチャー戦略が必要になる。大企業が参入してくる可能性もあるので，リスク分散のために異業種に資本投下していくことも必要である。絶えずトップとボトム，デスクと現場の関係が緊密でなければならない。ニッチャー企業の基本方針は集中化・限定化・特殊化であるといわれる。ＩＴによる情報の共有，インターフェース管理を積極的に拡大することが不可欠である。　　（桜井武典）

は行

バーチャルリアリティ（virtual reality）

　バーチャルリアリティとは，仮想現実や疑似体験などのことをいう。コンピュータなどで作ったサイバースペースや直接知覚できるものに対して，コンピュータがさらに付加情報を与えたり，提示したりするものがある。ゲーム，自動車学校の走行運転訓練，パイロットの飛行訓練などに広く利用されている。一般的には，仮想現実がよく知られているが，現実と区別できない状態を現すものとして，シミュレーテッドリアリティ（simulated reality）がある。バーチャルリアリティは，3次元空間，時間相互作用，自己投射の3要素を伴うもので，インターフェースのような視覚と聴覚を利用したものと異なり，触覚，前庭感覚などが加わったものである。米国イリノイ大学のCAVE（Cave Automatic Virtual Environment）が有名である。さらに，ロボット工学にも応用されている。　　　　　（金山茂雄）

バイアス（bias）

　斜め，または偏りや歪みなどをいうことから転じて，心理学や社会学，経済学などの統計から一般論を導く分野で使われる，ある一定の抽出した母集団の性質からそれらを代表しない特異な性質のものを指す。要するに本当の姿からの「ズレ」を表したもので，社会調査のすべてのプロセスはこのバイアスの連続体といってもよい。社会調査における方法論として，いかにこのズレを最小にできるかが課題となる。"完璧な調査はありえない"といった視点から，現実の結果に近づけるプロセスを方法論として研究する立場に，社会調査方法論がある。市場調査における時期・回数に関わるバイアスのひとつに「シーズナル・バイアス（seasonal bias）」がある。これは特定の季節に正しかった分析や平均が別の季節には必ずしも当てはまらないといったことである。　　　　　　　　　　　　（秋山智美）

バイオマス事業 (biomass business)

　バイオマス事業とは，生物体をエネルギーやマテリアルに変換する経済活動のことである。食物残渣・畜産糞尿のメタン発酵や間伐材を有効利用した製品などバイオマス・ベンチャーが注目を集めている。廃棄物を有効利用することは，循環型社会を構築する上で極めて重要である。一方で，トウモロコシやサトウキビなどが食料用から燃料用エタノールに用いられることによって穀物価格が高水準で推移している。経済産業省『長期エネルギー需給見通し』の2020年度の現状固定ケース，努力継続ケースでは風力発電164万kl，太陽光発電140万klに対して廃棄物発電＋バイオマス発電476万kl，バイオマス熱利用290万kl（原油換算）と想定している。

（桜井武典）

排出権取引 (emissions trading)

　排出権取引とは，1997（平成9年）気候変動枠組条約第3回締約国会議（COP3）の京都議定書において「温室効果ガスの排出を抑制・削減するための手段」として認定された制度の一つである。具体的には，先進各国，各企業に割り当てられた排出権を売買する経済的手法。排出量取引と同義語。世界の排出量取引総量と取引額は，2005年7.1億トン（1兆1,990億円），2006年17億トン（3兆6,192億円），2007年30億トン（7兆4,880億円）と急速に拡大している。世界の新興企業にとって新たなビジネスチャンスであると期待されている（環境省『諸外国における排出量取引の実施・検討状況』2008年9月）。

（成瀬敏郎）

パラダイム (paradigm)

　ある時代や分野において支配的な「物の見方や捉え方」のこと。科学分野では，「ある時代における規範的考え方」を指す。パラダイムは，「天動説から地動説へ」の変化のように，時に劇的な変化を起こすことがあり，これをパラダイムシフトと呼ぶ。例えば，現代社会では「大量生産・大量消費社会から持続可能な社会へ」のパラダイムシフトが起きつつあるといわれる。現在使われているパラダイムという言葉は，科学史家のトーマス・クーン（Thomas S. Kuhn）が，『科学革命の構造』（1962年）の中で用いたもので，「科学は一定方向に発展するだけではなく，時にはパラダイムを変化させる」という歴史観を示した。現在では，思想・哲学・経済など，あらゆる分野で用いられている。　　　　　　　　　　　　　　（中村陽一）

バリューアッド活動

　バリューアッド（value add）活動とは，ベンチャー・キャピタルによるベンチャー企業への支援活動のことで，大きくhands-on型とhands-off型に分類できる。hands-on型は，ベンチャー・キャピタルの担当者が投資先のベンチャー企業の取締役に名を連ねるなど経営に大きく関与するタイプである。関与する内容は，技術・研究開発，マーケティング，人事など多岐にわたるものであるが，ベンチャー・キャピタル担当者の得意とする分野が中心になることが多い。一方，hands-off型では，ベンチャー・キャピタルの担当者は投資先のベンチャー企業の経営にはあまり関与せず，経営について危機的状況が発生した場合などに，追加の資金調達支援や取引先・人材の紹介などの支援を行うというものである。　　　　（太田　実）

犯罪捜査機関

　犯罪が発生したと考えられる場合に，公訴の提起・遂行の準備活動として，被疑者の身柄の確保，証拠の発見・収集・保全などを行う機関のことをいう。具体的には，司法警察職員（一般的にいえば，いわゆる警察官のこと），検察官，検察事務官のことを指す。このうち，司法警察職員が第一次的な捜査機関であり（刑訴189），検察官は第二次的な捜査機関である（刑訴191①，検察6）。検察事務官は，検察官の指揮を受けて捜査を行う（刑訴191②，検察27③）。司法警察職員と検察官の関係については，両者はそれぞれ独立した捜査機関であり，相互に協力し合う関係にある。ただし，刑訴法は，捜査を適正なものとするために，検察官による司法警察職員への指示・指揮を認めている（刑訴193）。　　　　　　　　（宿谷晃弘）

ビジネス・エンジェル (business angel)

　創業間もないベンチャー企業に投資する個人投資家のことで，エンジェル投資家，または単にエンジェルともいわれる。家族や友人の他，成功した起業家や専門性の高いビジネス経験者がビジネス・エンジェルになることが多く，自身の経験や知識を活かして投資を行う。この場合，投資先企業は自ら経営アドバイスや経営支援を行うことのできる分野に限定されることが多い。ビジネス・エンジェルによる投資は，ベンチャー・キャピタルからの投資を受けるまでの創業期における重要な資金調達源となっている。一方，投資に対するリターンは，株式や転換社債で受け取ることが一般的である。わが国においても，いわゆる「エンジェル税制」の制定を始めとして，ビジネス・エンジェルを活性化するための各種施策が進められている。　　　　　　　　　　　　　　　　　　　　　　（太田　実）

非正規雇用（atypical employees）

　労働契約上，期間の定めのない正規雇用と異なり，あらかじめ契約期間を定めている雇用の総称。1998（平成10）年以降，正規雇用は雇用者の増加にもかかわらず減少を続け非正規雇用に置き換えられると同時に，正規雇用の長時間労働も深刻化するという働き方の二極化が進んでいる。総務省「2007年就業構造基本調査」によると，雇用者（役員除く）5,326万人のうち，正規雇用3,432万人に対して，非正規雇用は雇用者の35.5％，1,890万人（パート885万人，アルバイト408万人，派遣161万人，契約社員226万人，嘱託106万人など）。若者世代を中心に非正規雇用が広がるなかで，ニートやフリーター，さらには日雇い派遣やネットカフェ難民という雇用の現実が注目を集め，ワーキングプアの増大が社会問題化している。

（長谷川一博）

ビットバレー（Bit Valley）

　東京都渋谷区のインターネット関連のベンチャー企業が集中する周辺地域を指す呼称。渋谷の地名から，（渋いを英語にして bitter）と（谷を英語にして valley）をかけて「Bit Valley」と命名されたもの。1999年2月に渋谷周辺のネットエイジ，デジタルガレージ，インターキュー（現ＧＭＯインターネット），オン・ザ・エッヂ（現ライブドア）など，ベンチャー企業の経営者らによって発表した。有能な起業家を輩出しようとする活動「ビットバレー構想」がきっかけとなり，渋谷がその拠点となっていた。現在は，大きな集積地域でなかったＪＲ御茶ノ水駅や東京メトロ九段下駅周辺に新たな集積が生まれつつある。

（安達和年）

福祉有償運送

　一人で公共交通機関を利用するのが困難な高齢者や障害者の移動を助ける「福祉有償運送法」が，2006年10月に道路運送法の改正によって施行された。自家用有償旅客運送サービスの一つ。営利を目的としない法人が実施主体で，国土交通省への登録が必要である。運行地区は原則，市町村単位で，各地区の運営協議会が料金等を決定する。タクシー料金の2分の1という非営利の範囲で認めている福祉有償制度が，実は非営利では成り立たない制度矛盾が生じ，国土交通省によると，2008年3月末で2,320の団体が登録されているが，採算がとれず活動休止する団体も出ている。福祉有償運送法が機能しなければ，外出の機会を失う交通弱者が増える。これからは料金規定を運行形態や地域事情に合ったものにしたり，自治体の活動団体への補助なども検討する必要がある。行政，登録団体が一体となり，運用を柔軟にする努力が求められる。　　　　　　　　　　　（秋山義継）

不正競争防止法 (unfair competition law)

　不正競争防止法とは類似商法，便乗商法および営業秘密の保護をするために1993（平成5）年に施行された法律のこと。近年，模倣製品や類似サービスが急増したことを受けて，消費者を保護するために同法がつくられた。この法律は差止請求権および損害賠償請求権が認められている。また，営業秘密の保護に関して，退職従業員が転職する際にこれまで社内で蓄積した情報やノウハウを得て，起業，またはライバル企業に就職する場合など「不正競争防止法」に違反していないのか，「職業選択の自由」（憲法第22条第1項）との関係にも配慮しなければならない。2008（平成20）年は，「食の産地偽装」による摘発が非常に多かった。　　（桜井武典）

フランチャイジー（franchisee）

　フランチャイズ店，加盟店，加盟者のことを指す。通常では，ジー，ライセンシーと呼ばれる。魅力ある商品ならびに経営システムを持ったフランチャイズ企業フランチャイザー（本部＝franchisor）との間に契約を結び，本部の商標や商号等の使用を許諾され，さらに本部より指導される運営ノウハウを用い，統一された商品やサービスを販売する権利ならびに営業エリアを持つ事業者をいう。フランチャイジーは，その対価として加盟金やロイヤリティ（loyalty）を支払う。販売する商品について無知，素人であっても，本部の教育システム（マニュアルや定期的な店舗巡回による経営指導）等の充実により，すぐにでも事業に参入できるメリットがある。

（白土　健）

フランチャイズ（franchise）

　米国で1950年代に誕生し，わが国では1960年代より，直営でなくても全国で同一の商品・サービスを提供できることから，大量販売を支える手段として普及した。(社)日本フランチャイズチェーン協会（ＪＦＡ）の定義によると，「事業者（本部＝franchisor）が他の事業者（加盟者＝franchisee）との間に契約を結び，自己の商標，サービスマーク，トレード・ネームその他の営業の象徴となる商標，および経営のノウハウを用いて同一のイメージのもとに商品の販売その他の事業を行う権利を与え，一方franchiseeはその見返りとして一定の対価を支払い，事業に必要な資金を投下してfranchisorの指導および援助のもとに事業を行う両者の継続的関係をいう」と記している。短期間で事業規模を拡大できるチェーン展開方式として，コンビニエンスストアや外食，書店，学習塾等サービス産業全般に広がっている。

（白土　健）

プレジデンツ・データ・バンク

　プレジデンツ・データ・バンクとは，ベンチャー企業の成長支援をコンセプトに，ベンチャー企業のネットワークの構築・企業間アライアンス，広報ＰＲ支援，人材支援，資金調達支援などを行う企業で，ベンチャーファクトリー，新興市場インフォメーション，ＶＦリリースサービス，人材紹介サービス，アライアンスサービス，ＩＰＯアカデミーサービス，ＩＰＯサポートサービス，ＰＤＢシンポジウム，資本提携アドバイザリー，エクセレントベンチャーを探せ,成長ベンチャーＴＯＰが語る,ベンチャーファクトリーニュースなど成長企業のポータルメディアも多数運営している。創業が2001年で設立2002年，高橋礎が代表を務め，現在，40名の従業員がいる。
　　　　　　　　　　　　　　　　　　　　　　　　　　　　（安達和年）

フレックスタイム制

　労働者自身が，一日の労働時間をコアタイム（必ず勤務しなければならない時間）とフレキシブルタイム（その時間帯であればいつ出退勤してもよい時間帯）に分け，出社・退社時刻を労働者の決定に重点をおく制度。

　日本においては1988年４月正式に当制度が導入された。この制度の長所は身体的な負担を減らせる点。通勤ラッシュを回避できる点。短所は他企業・会社との時間的連携の困難さがあげられる。平成17年の調査によると1,000人以上の事務所では当制度の導入は70％。100人以下中小零細企業では53％にとどまる。また，ＩＴ企業では導入実績が高いが，小売・サービス業では導入が少ないことがみられる。
　　　　　　　　　　　　　　　　　　　　　　　　　　　　（山口隆正）

プロセスイノベーション（process innovation）

　新製品開発など製品そのもののイノベーションであるプロダクトイノベーション（product innovation）に対し，製造や物流，研究開発などのプロセスにおけるイノベーションのこと。既に開発された製品の生産工程を改善して，品質を向上したりコストを削減すること。例えば，必要な時に必要なものを必要な数だけ納品させる，トヨタの「かんばん方式」などがこれに当たる。日本企業は，伝統的に欧米諸国で発明・開発された電気製品や自動車などを生産技術やプロセスの改善により高品質化・低コスト化することを得意とする。つまり，プロダクトイノベーションより，プロセスイノベーションに強みを持つといわれている。　　　　　（中村陽一）

ベンチャー・キャピタル（venture capital）

　ベンチャー・キャピタルとは，将来性の高い企業に対して投資を行い，株式公開を支援して，株式公開後に株式を売却することによりキャピタル・ゲインを得ることを目的とする会社である。また，単にベンチャー企業へ資金供給を行うだけではなく，その経営に対して様々な支援活動を行うこともベンチャー・キャピタルの特徴である。他方，出資を受けるベンチャー企業は，ベンチャー・キャピタルの投資目的と資金回収手段・時期を確認し，自社の経営戦略や資本政策との整合性を図ることが必要である。なお，世界初のベンチャー・キャピタルは，ＡＲＤで1946年にアメリカ・マサチューセッツ州で設立された。一方，わが国では，1946年に民間ベンチャー・キャピタルとして設立されたエヌイーディーが最初となる。

（太田　実）

ベンチャー・スピリッツ

「ベンチャー・ビジネスを起業しようという進取の精神」のことである。ベンチャー創造をしようという精神ともいえる。アントレプレナーシップ (entrepreneurship) との関係では、企業家活動を意味する「アントレプレナー」(entrepreneur) に革新性を備え、その活動を創造しようという意図があるものを、ベンチャー・スピリッツと呼ぶといえるだろう。換言すれば、「起業を目指した進取の精神 (enterprise)」である。例えば、他社との差別化や独自化を打ち出し、独自のベンチャー創造を行うことも、ベンチャー・スピリッツである。ベンチャー・スピリッツを考える際には、「ベンチャー」および「ベンチャー・ビジネス」とは何かを考慮することが重要である。その定義によって、ベンチャー・スピリッツの考え方も変わるからである。

(坂野喜隆)

ベンチャー・ファイナンス (venture finance)

ベンチャー企業にとっての資金調達手段のことをいう。ベンチャー企業が起業する際、すなわちその創業期（シード・ステージ）における最大の問題点が資金調達である。銀行がベンチャー企業の創業資金を融資することは、リスクが高い貸付である。それに際しては、事業の将来性、返済の可能性、保証人・担保の確実性、創業者本人の人柄などが審査される。しかしながら、実際には、銀行などの金融機関から融資を受けることは困難である。現行の金融システムの下では、ベンチャー企業は一般的には企業価値が低く、保証人や担保物権による債権保全価値を重視するからである。そこで、起業のための融資制度が活用されることになる。融資制度としては、金融機関、地方公共団体の融資制度、ベンチャー・キャピタルの出資などが用意されている。

(坂野喜隆)

ベンチャーエコノミー（venture economy）

　ベンチャー企業を中心とした経済活動または環境などを指す。戦後3度ベンチャーブームが起きているが，戦後のベンチャー企業として代表される企業が，ソニーと本田技研工業である。両社とも国際企業として発展している。固有の技術を開発し，付加価値の高い製品，商品を生産，販売し市場の創造をした企業である。技術革新により新しい事業しいては新しい産業を創出する。どんな環境下におかれても規制概念にとらわれず独自の企業家精神を発揮し世界に挑戦し，世界で活躍する企業へと発展する。企業はグローバルスタンダードが求められる。反骨精神の強い企業家の出現が求められている。他に戦後設立されたベンチャー企業には，ワコール（1949年設立），ローム（1950年設立），堀場製作所（1953年設立），京都セラミック（現京セラ）（1959年設立）などが多数みられる。　　　　（飯野邦彦）

ベンチャー企業（venture business）

　ベンチャーとは，ベンチャー企業，ベンチャー・ビジネスの略であり，独自の新技術や高度な知識を軸に，大企業では実施しにくい創造的・革新的な経営を展開する研究開発型であり，急成長の可能性を持つ小企業を指す。リスクを恐れず，未知の局面に果敢に挑み，日本の産業界に新しい息吹を注入したことから「冒険する企業」との訳もあるが，高度な専門技術を持つ起業家が，モノマネでないオンリーワンの新商品，新サービスの開発を基に急成長を遂げる革新的企業のイメージが強い。「ベンチャー・ビジネス」という言葉は，元法政大学総長で日本ベンチャー学会特別顧問の清成忠男氏らによって概念が創りだされた和製英語である（米国ではニュー・ベンチャーなどと呼ばれる）。わが国の新聞などではＶＢと表記されることが多い。　　　　　　　　　　　　　　　　（白土　健）

ベンチャー企業支援

　ベンチャー企業は，誕生・成長の過程において，その段階ごとに存在するニーズに合わせた支援が必要となる。ベンチャー企業を支援する主体としては，ベンチャー・キャピタル，投資事業組合，ビジネス・エンジェル，政府，インキュベーション施設の5つを代表的なものとしてあげることができる（それぞれの項を参照）。政府によるベンチャー企業支援は，経済産業省，中小企業庁などが中心となる。実際のベンチャー支援の業務を担当するのは，独立行政法人中小企業基盤整備機構などである。政府が直接ベンチャー企業に出資したり，融資したりすることはない。中小企業基盤整備機構を通して，各都道府県に設けられている「ベンチャー財団」へ資金を供給するという間接的な支援を行っている。これに対して，直接的な支援を行っている公的機関が，東京，名古屋，大阪にある中小企業投資育成株式会社である。

（坂野喜隆）

ベンチャー企業のライフサイクル

　ベンチャー企業のライフサイクルは，一般にシード期，スタートアップ期，急成長期，安定成長期の4期に分けることができる。シード期は，ベンチャー企業創業の前段階であり，起業までの準備段階と位置付けられる。スタートアップ期は，起業家が会社を設立し，事業を開始してから軌道に乗るまでの期間である。急成長期は，企業名やその製品・サービスの社会的認知度の向上に伴い売上や市場シェアが高まり，企業規模が急拡大する時期である。安定成長期は，企業名やその製品・サービスに対する社会的評価が固まり，急成長期ほどの拡大は望めなくなるが，代わりに収益力が安定し，経営基盤が確立される時期である。ただし，このライフサイクル通り成功に至る企業がある一方，途上でドロップアウトする企業も数多くあることに留意が必要である。

（太田　実）

ベンチャーキャピタリスト

　将来成長可能性の高いベンチャー企業を発掘し，その企業に投資し株式公開することにより投資回収目的をする専門家をいう。投資企業に対しての経営指導，資金調達の支援など財務活動，税務活動の経営全般にわたって経営支援する。新しいビジネス，新しい産業の育成発掘も兼ねているのである。ベンチャー企業の成長発掘に貢献することを目的としている。ベンチャー・キャピタルは金融系（銀行系），証券系（証券会社系），政府系，独立系などが多く存在している。ベンチャー企業の多くは金融機関からの資金借入がほとんど不可能であり，資金ショートし倒産する可能性が考えられる。金融市場の緩和がベンチャー企業の育成にとって必要不可欠である。
　　　　　　　　　　　　　　　　　　　　　　　　　　　（飯野邦彦）

ベンチャー協議会

　ベンチャー（venture）とは，企業家精神を持ち大企業や中堅企業が参入しない分野に独自の技術やノウハウを持ち，短期間で企業成長を目指すことであり，ベンチャー協議会は，そうした経営者の支援，育成，交流を促進するため，2000年（平成12）5月に設立された団体である。何度もベンチャーブームを経験しているが，アメリカのベンチャー企業と異なり，ベンチャー企業が生成発展するための法的整備がまだ成熟していないのが現状である。ベンチャー企業の多くは，研究開発集約型であり，知識集約型である。一つの新技術を開発し少品種大量生産によりコスト削減を行う。品質，価格，納期の視点から製品，商品開発をし新市場や既存市場に新規参入し成長発展を目指す企業が多くみられる。
　　　　　　　　　　　　　　　　　　　　　　　　　　　（飯野邦彦）

ベンチャー財団

　ベンチャー財団とは，地方自治体による間接ベンチャー・キャピタルのことで，財団や社団法人といった都道府県の公益法人の組織形態をとる。政府によるベンチャー企業支援は，主に経済産業省や中小企業庁によって行われているが，実際にベンチャー企業支援の業務を担当しているのは独立行政法人中小企業基盤整備機構などである。政府が直接ベンチャー企業に出資したり融資したりするのではなく，同機構を通じ，各地方自治体に設立されたベンチャー財団へ資金を供給し，最終的にベンチャー財団が直接投資や民間ベンチャー・キャピタルを通じた間接投資を行うのである。また，ベンチャー財団は，社債の引き受けを行う債務保証や中小企業の株式・社債の取得なども行っている。　　　　　　　　　　（太田　実）

ベンチャーファンド（venture funds）

　ベンチャー・キャピタル・ファンドを指し，広く投資家から集めた資金を未公開企業（ベンチャー企業）に投資（株式や新株予約券付社債などを購入）し，育成した上で企業価値を高め，収益を得る（capital gain＝公開された株式を売却し投資家に分配）ことを目的としている。起業間もない時点から投資することから，投資期間は中長期にわたる。このことから投資事業組合を利用して行われることが多く，各種制約も存在することから，投資家は機関投資家が中心となっていた。しかし，法改正（中小企業等投資事業有限責任組合契約に関する法律）により，個人投資家も少額の資金で未公開企業への投資が可能となった。　　　　　（白土　健）

ベンチャーブーム

　わが国においては，高度成長期以降，3度のベンチャー・ブームが到来したとされる。第1次ブームとは，1970年から73年頃にかけて，自動車や電機などの分野において，ベンチャー企業が数多く設立された時期を指す。第2次ブームとは，第2次オイルショック後の1983年から1986年頃にかけて，エレクトロニクス・新素材・バイオテクノロジーなどの分野において，多くのベンチャー企業が設立された時期を指す。第1次，第2次ベンチャーブームの特徴は，成長経済の中で誕生したことにある。第3次ブームとは，バブル崩壊後の1990年代の初頭から現在までの時期を指す。1990年代は，長期かつ構造的な不況期であり，経済の再生をベンチャー企業に担わせようという政策的な方針の下に，情報技術（IT）等の分野でベンチャー企業が設立される傾向にあるのが第3次ブームの特徴である。

（松岡弘樹）

ベンチャーフェア

　ベンチャーフェアとは，中小企業庁などが後援し，中小企業基盤整備機構が行う，ベンチャー企業の製品・サービスの展示会である。同機構では，ベンチャーフェア開催の目的を，ベンチャー企業の開発した良質な製品やサービスを紹介し，販路・事業提携先の開拓等のビジネスマッチング支援を行うとともに，ベンチャー企業に対する認知度を高め，ベンチャー企業の創業予備軍の増加を図ることであるとしている。特に「ベンチャーフェアJAPAN」は公的機関が行う日本最大級のベンチャーマッチングイベントであり，2008年次開催で10度目を迎えている。同イベントでは，幅広い業種のベンチャー企業の新製品，新技術，新サービス等を展示・紹介するほか，出展企業によるプレゼンテーションを館内で放映し，他の出展者や来場者へ知らしめ，マッチングを促進するなどしている。

（太田　実）

ベンチャープラザ

　ベンチャープラザとは，経済産業省などが後援し，中小企業基盤整備機構が行う，ベンチャー企業と取引先・資金提供者などとのマッチング事業であり，全国各地で開催されている。具体的な内容は，ベンチャー企業が投資家に対して自社のビジネスプランをプレゼンテーションしたり，必要な事業資金を得たりするための機会を提供するもので，商談コーナーを設置するなどして交流機会を促進している。同機構は，対象を独創的なビジネスプランを持ち，資金調達等を求めている中小企業等としている。ベンチャープラザは，バブル崩壊後の90年代からスタートした第3次ベンチャーブームを背景に，国や地方自治体が主導して立案された種々のベンチャー支援策の一つとして，1996年にスタートした。なお，ベンチャープラザは，同機構の登録商標である。　　　　　　　　　　（太田　実）

法人申告所得

　法人は，事業年度終了の日の翌日から原則として2か月以内に確定申告をするとともに，法人税を国に納付しなければならない。法人申告所得とは，企業や各種法人が税務署に申告する税法上の所得（課税所得）のことであり，法人税の課税の対象となる。法人の所得に対しては，法人税，都道府県民税，市町村民税，事業税などの税目が課される。法人税法では，公平な課税の実現と税収の確保を目的とし，利益は課税所得とされている。また法人税法は，確定決算主義を採用しており計算された会計上の利益を基に，必要な税務上の調整を加えて課税所得を決めることにしている。益金算入，益金不算入，損金算入，損金不算入などの申告調整を行い課税所得が算出される。　　　　　　　　　　　　　　　　　　（飯野邦彦）

ベンチャー

ボストン・コンサルティング・グループ

　ボストン・コンサルティング・グループ(The Boston Consulting Group)は，1963年，ブルース・ヘンダーソンによって設立された，世界的に有名な戦略コンサルタティング会社である。経営戦略に特化したコンサルティング活動をグローバルに展開するプロフェッショナル集団，世界各国にオフィスを持ち，各地域の一流企業を顧客にもっている。また各地域における経営環境に関する豊富な知識と経験を持つスタッフが，企業経営の重要課題についてコンサルティングを展開している。現在，世界38カ国，66都市にオフィスがあり5,000名のスタッフを擁している。経験曲線（Experience Curve）やＰＰＭ（Product Portfolio Management）は，ＢＣＧにより開発された自社事業の区分方法である。　　　　　　　（井上博文）

ま行

メガ・フランチャイジー (mega-franchisee)

　独立した事業者（フランチャイジー）が，複数の本部（フランチャイザー）と契約を結び，数種の業態（外食産業，カー用品販売，コンビニエンスストア等流通・サービス業）を運営し規模を拡大していくという新しい組織形態を指す。franchiseeから起業した企業や，本業の傍らで多角化の一環として，あるいは新規事業の開発にこのメガ・フランチャイジーを活用した企業が多い。数種の事業（異業種・異業態）を複合型店舗にすることにより，相乗効果が期待でき，事業を絞らないことからリスクの分散化が図れ，本業の成長が鈍化，衰退しているときも雇用の維持に役立ち，さらに経営管理システムを別の事業に生かすことができる等，メリットも計り知れない。 　　　　　　　　　　　　　　　　　　（白土　健）

メンター (mentor)

　メンターとは，特定の領域において豊富な知識，技術，経験，人脈などを持ち，指導や助言などを行う人のことである。メンターはあくまでも特定領域の知識，経験等が必須であり，その意味で，知識や経験を有しない分野でも指導や助言を行うことのあるコーチングのコーチとは区別されて使われる。ベンチャー業界では，ベンチャー企業経営者に対してアドバイスを行う人を意味し，ビジネス・エンジェルが資金の提供の他，経営指導や技術指導など，メンターの役割も担うケースもしばしばみられる。わが国の施策としては，厚生労働省が「メンター紹介サービス事業」を行っているが，これは，起業後1～2年程度の女性起業家を対象に，先輩の女性起業家から1年間継続的に相談が受けられるサービスである。

（太田　実）

持分会社

　持分会社とは，合名会社，合資会社，および合同会社の総称である。従来，合名会社と合資会社は，いずれも会社の内部関係について，定款または旧商法に特段の定めがない時は民法の組合に関する規定（民法667条～688条）が準用されており（旧商法68条・147条），基本的に社員の中に有限社員がいるか否かの違いしかなかった。また，合同会社は，有限責任社員のみから構成されること，会社の資本という概念を有すること，出資が金銭およびその他の財産（現物出資）に限られること（会社法576条1項6号）等を除けば，実質的に合名会社・合資会社と異なるところはない。このため，会社法は，第3編に，合名会社，合資会社および合同会社に関して，共通に適用すべき内部関係に関する規律等につき，「持分会社」として同一の規定を適用するものとしている（会社法575条以下）。

　　　　　　　　　　　　　　　　　　　　　　　　（松岡弘樹）

や行

ゆらぎ

　一般的にさまざまな事象の平均値からの変動や，平衡状態からのずれを指す。「ビッグバン宇宙論」を補完するものとして，宇宙は「真空のゆらぎ」から生まれたとする「インフレーション宇宙論」が提唱されている。近年，世の中の事象を，「規則正しく数学的に捉えられる事象」「混沌として捉えられない事象」「生命体や生態系のように，変動と均衡の上に成り立っている『ゆらぎ』状態の事象」の3つに分けて捉えようとする考え方が見られる。例えば「生命論パラダイム」においては，社会や組織を生命体として捉え，その好ましい変化を継続する「自己組織化」を促すためには，システムの中で「ゆらぎ」を増大させることが重要とされる。

（中村陽一）

欲求5段階説

　欲求5段階説は，アメリカの心理学者，アブラム・マズロー（1908～1970年 A.H.Maslow）が「人間は自己実現に向かって絶えず成長する生きものである」と仮定して人間の欲求を5段階の階層で理論化したものである。人間の欲求の段階は，生理的欲求，安全の欲求，社会的欲求，自我の欲求，自己実現の欲求であると唱えた。生理的欲求と安全の欲求は人間が生きる上で衣食住等の根源的な欲求であり，社会的欲求とは他人と関わりたい，他者と同じようにしたいなどの集団帰属欲求である。また自我の欲求とは自分が集団から価値ある存在と認められ尊敬されたいと思う認知欲求であり，自己実現の欲求とは自分の能力，可能性を発揮して創造的活動や自己の成長を図りたいと思う欲求であるとしている。

（井上博文）

ら行

リーダーシップ（leadership）

　リーダーシップは，一般に集団の目的を達成するためにメンバーを導く影響力として定義される。個人の資質や能力に着目するのではなく，影響力の行使を行動と捉えるならば，本人がいつも心がけ訓練することで身につけることができる能力である。リーダーシップに必要なものをあげると，自信，決断力，社交性，活動性，責任感等である。リーダーシップとは，周囲を引張っていくことで，目的の達成のために何をなすべきか，目的と闘いながら組織の目指すべき方向と未来を明確にすることである。伝統的リーダーシップ研究にはミシガン研究とオハイオ研究がある。前者は，従業員を支持し参加を促進する従業員志向のリーダーシップをとなえ，後者は，リーダーシップ行動は配慮と構造づくりの二次元であるとしている。

（井上博文）

リスクマネジメント（risk management）

　事業の海外進出には，海外投資特有のリスクがあり，その最たるものに，進出国の信用不安などのカントリーリスクがある。進出先が，政治不安や財政破綻などで経済秩序を維持できない非常事態に陥った場合，企業努力とは一切無関係に，事業の継続は不可能になる。人命や財産を直接脅かす特有の非ビジネスリスクがあるのも，海外進出プロジェクトの特徴である。特に発展途上国の一部には，内戦や内乱による人命損傷および財政破綻のリスクが存在し，先進国でも無差別テロなどのリスクも存在する。また，政治色彩の労働攻勢や宗教問題などの非ビジネスリスク，対企業訴訟のリスクも存在するので，非ビジネスリスクに備えたリスクマネジメントやクライシスマネジメント（crisis management）が不可欠である。危機管理情報の収集や有事対応のマニュアルを作成し訓練をし，対応しなければならない。

（秋山義継）

索引
Index

---── あ ───

R＆D ……………………………………31
ＩＳＯ14001 ……………………………5, 25
ＩＣカード型電子マネー ………………69
ＩＣＴ ……………………………………51
ＩＤカード ………………………………15
ＩＴ開発 …………………………………9
ＩＴ革命 …………………………………51
ＩＴ業界 …………………………………11
ＩＰアドレス ……………………………8
アウトソーシング …………………11, 36
アカウンタビリティ ……………………11
アルバイト ………………………………81
安定成長期 ………………………………88
アントレプレナー ……………………12, 27
アントレプレナーシップ ………………86
アンビシャス ……………………………54
暗黙知 …………………………………34, 65

---── い ───

ＥＣ（電子商取引）………………………51
e-Japan …………………………………51
委員会 ……………………………………22
意思決定 …………………………………22
イノベーション ……13, 27, 31, 46, 73, 85
違法配当罪 ………………………………21
インキュベーション ……………………88
インキュベーション・マネジャー ……14
インキュベーション施設 ………………13
インキュベーター ………………………14
インサイダー取引 ……………14, 30, 50

インターネット …………………………15
インターネット・データ・センター …15
インターネット・プロトコル …………15
インターネット・バンキング …………51
インターネットビジネス ………………16
インターンシップ ………………………16

---── う ───

Webサイト ………………………………8
ウォンツ …………………………………46
運転資金 …………………………………49

---── え ───

ＡＩＭ ……………………………………54
営業外投機取引罪 ………………………21
ＡＳＰ事業者 ……………………………15
エージェント ……………………………17
エコ・エフィシェンシー ………………17
エコ・ビジネス …………………………18
エコ・ファンド ……………………18, 34
ＳＲＩ ……………………………………10
ＳＥＭ ……………………………………8
ＳＥＯ ……………………………………8
ＳＮＳ ……………………………………9
ＮＰＯ …………………………………6, 60
ＮＰＯ法 …………………………………6
Ｍ＆Ａ ……………………………………6
エンジェル税制 ……………………19, 80

---── お ───

大阪国税局 ………………………………39
大阪証券取引所 …………………………53

101

OJT	7	株式の譲渡	22
オハイオ研究	99	株主	24
Off-JT	7	株主総会	22, 24, 36, 58
オルターネクスト	54	環境会計	24, 26
温室効果ガス対策	24	環境管理会計	24
温室効果ガス排出量	17	環境経営	17, 25
オンライン	42	環境経営学	25
オンライン・ショッピング	69	環境効率	17
		環境効率化	25
━━━ か ━━━		環境効率指標	17
カードのみタイプ	69	環境社会報告書	26
カーナビゲーション	4	環境省	78
開業資金	49	環境白書	18
会計参与	22	環境負荷軽減	25
会社更生	21	環境負荷低減技術	18
会社更生法	29	環境負荷量	17
会社財産を危うくする罪	21	環境ベンチャー	18, 25, 34
会社設立	26	環境ベンチャー・キャピタル	25
会社の機関	22	環境報告書	24, 60
会社の区分	22	環境保全	10, 24
会社法	12, 22, 23, 36	環境保全効果	24, 26
会社法会計	44	環境保全コスト	24, 26
会社法施行令	36	環境保全対策に伴う経済効果	26
会社法第431条	11	環境保全費用	24
外注	11	関係法令	28
ガイドライン	28	監査役	22
外部委託	11	カントリーリスク	99
海洋発電事業	34		
カオス	23	━━━ き ━━━	
架空の決算利益	21	機械論パラダイム	57
確定決算主義	92	機関設計	22, 38
価値創造	4	起業	26
価値判断基準	28	起業家	27
合併	6	企業会計原則	11
合併・買収	6	起業家教育	27
合併の対価の柔軟化	23	企業家支援活動	33
株式	24	起業家精神／企業家精神	27
株式会社	24	企業価値	30
株式会社への組織変更	38	企業価値の向上	30

102

目次

企業行動 …………………………28
企業行動基準 ……………………28
企業行動憲章 ……………………28
企業再生 …………………………29
企業戦略 …………………………42
企業統治 …………………………39
企業内企業 ………………………49
企業の社会的責任 ………………28
企業買収 …………………………63
企業不祥事 ……………………30, 42
企業ブランド …………………29, 30
企業ブランドのネーミング ……29
企業倫理 …………………………28
技術移転 …………………………31
技術移転機関 …………………31, 63
技術革新 …………………………13
技術予測 …………………………68
規制緩和 …………………………46
規則制定権 ………………………37
客観的第三者評価 ………………41
キャッシュ・フロー ……………32
キャッシュ・フロー計算書 ……32
キャピタル・ゲイン ………70, 85, 25
キャリア（形成）…………………32
急成長期 …………………………88
Qボード …………………………54
旧有限会社法 ……………………72
強制調査 …………………………50
競争優位（性）…………………6, 75
共同企業体 ………………………50
京都議定書 ………………………78
清成忠男 …………………………33
ギリシャ神話 ……………………23
金のなる木 ………………………7
金融監督庁 ………………………50
金融再生委員会 …………………50
金融商品取引法 …………………44

── く ──

Google ………………………8, 16
クライシスマネジメント ………99
グリー ……………………………9
グリーン・インベスター ………34
グローバリゼーション …………6
グローバルスタンダード ………87

── け ──

経営資源 ……………7, 54, 75, 76
経営責任 …………………………3
経営理念 …………………………28
経験曲線 …………………………93
経済活動量 ………………………17
形式知 …………………………34, 65
携帯端末 …………………………4
CAVE ……………………………77
契約社員 …………………………81
ゲイリー・ハメル ………………36
経理事務 …………………………26
ゲーム理論 ………………………35
ケネス・アロー …………………51
研究開発 …………………………31
研究開発施設 ……………………13
研究開発成果 ……………………31
現金管理 …………………………26
現金自動支払い機 ………………3
検索エンジン …………………8, 35
検索エンジンマーケティング …8
検察事務官 ………………………80
検査役 ……………………………22

── こ ──

コア・コンピタンス ……………36
コアタイム ………………………84
公益法人 …………………………48
公開会社 ………………………22, 36
公開性 ……………………………22

103

広告宣伝	26
合資会社	37, 96
更生管財人	21
更生計画	21
更生手続き	21
公正取引委員会	37
合同会社	23, 37, 38, 96
行動基準	28
高付加価値産業	43
交付金合併	63
合弁事業	38
合名会社	37, 38, 96
ゴーイング・コンサーン	3
コーポレート・ガバナンス	3, 27, 39
子会社	48
顧客開拓	26
国際会計基準	32
国際電網	15
国税局査察部	39
国税査察官	39
国税庁調査査察部	39
国土交通省	82
国民生活金融公庫	40, 55
個人情報保護法	40
個人選択型のキャリア形成	32
個人知	75
コピー	75
コミュニケーション・ツール	26
コラボレーション	41
コングロマリット	6
コンサルタント	41
コンサルティング	41
コンテンツ	16, 42
コンピタンス	36
コンピテンシーの育成	32
コンピュータゲーム	23
コンプライアンス	27, 42

━━━ さ ━━━

サーチエンジン	16, 35
サーバー	15
サイエンスパーク	43
再建型	21
最低資本金制度	12, 23, 66
サイバー・パラダイム	25
サイバースペース	77
財務会計	11, 44
財務省国税庁	39
財務諸表	11
差止請求権	82
サプライチェーン	44
サプライチェーン・マネジメント	44
差別化	30
三角合併	63
産業基盤整備基金	66
産業クラスター	33
産業再生法	29

━━━ し ━━━

CSR	10, 28
CSR憲章	28
COO	3
C・K・プラハラード	36
シーズナル・バイアス	77
CD	3, 42
シード期	88
シード段階	59
シェア	7
J.シュンペーター	13
事業アイディア	45
事業計画	26, 55
事業計画書	45
資金調達	26
自己株式取得罪	21
市場拡大戦略	46
市場創造	4, 46

市場ニーズセグメント調査	47	職業選択の自由	82
持続可能性	4	嘱託	81
執行責任	3	職能資格制度	56
執行役	22	所有と経営の分離	39
自動車燃料規制の導入	64	シリコンバレー	33, 52, 58
シナジー効果	47	シルバー人材センター	52
渋沢栄一	69	シルバーベンチャー	52
資本金1円	12	新会社法	36
資本金規制	12	進化論	57
シミュレーテッドリアリティ	77	新規開業資金	40
社員募集	26	新規産業	27
社会規範	28	新規創業	53
社会貢献	10, 28	新規発行株式	19
社会調査	77	新興市場	54
社会的責任投資	18	新工程の開発の確立	13
社外ベンチャー	48	人材育成	54
ジャスダック	53	人材派遣	11
社是・社訓	28	新事業創出促進法	66
社団法人ニュービジネス協議会	48	新商品の開発	13
社内ベンチャー	32, 49	人事ローテーション	11
収支計画	49	新創業融資制度	55
受託責任	11	人的資源	54
ジョイント・ベンチャー	50		
省エネ	24	━ す ━	
小会社	22	衰退	46
証券取引等監視委員会	14, 50, 59	スタートアップ期	88
証券取引法	14, 61	スタートアップ段階	59
省資源	24	ステークホルダー	4, 26, 28, 39, 55
譲渡自由の株式	36	ストックオプション	56
譲渡制限会社	36	スペンサー	31
商標法	75		
商品表示偽装	30	━ せ ━	
商品ブランド	29	成果主義	56
情報技術	51	正規雇用	81
情報提供機能	11	清算型	21
情報の非対象性	51	生態系の変動	23
情報漏洩	30	生体認証	3
諸規則	28	成長初期の段階	59
職業選択	16	制度会計	44

製品のライフサイクル……………72
政府……………………………88
生物進化………………………57
生命論パラダイム……………57
世界経済人会議………………17
セキュリティー………………15
セクシャル・ハラスメント……30
説明責任………………………11
説明責任履行機能……………11
セントレックス………………54
全文型検索エンジン…………35

━━━ そ ━━━

総会屋…………………………58
創業支援……………………13,58
創業資金………………………86
贈収賄…………………………30
相乗効果………………………47
創造的破壊……………………27
創造論…………………………57
相場操縦………………………59
ソーシャル・ベンチャー企業…60
SOHO…………………………9
組織管理………………………60
組織知…………………………75
組織文化………………………60
ソフトウェア・インターネット関連
　企業………………………52
損益計算書……………………32
損害賠償請求権………………82
損失補填……………………30,61

━━━ た ━━━

大会社…………………………22
大学等技術移転促進法……31,63
対価の柔軟化…………………63
大気汚染防止法………………64
第三セクター…………………13
貸借対照表……………………32

大衆資本………………………24
代表取締役…………………22,24
太陽エネルギー事業…………25
太陽光発電……………………78
WWW…………………………10
談合……………………………30
男女雇用機会均等法…………64

━━━ ち ━━━

地域振興整備公団……………66
地球環境保全…………………28
知識集約型産業………………43
知識創造………………………65
知的財産権……………………65
知的財産法……………………65
チャールズ・ダーウィン……57
中核……………………………36
中小企業基盤整備機構……66,90
中小企業基本法………………67
中小企業基本法第2条…………19
中小企業金融公庫法…………67
中小企業総合事業団…………66
中小企業挑戦支援法………12,66
中小企業等協同組合法………66
中小企業投資育成株式会社…43
中小企業等投資事業有限責任組合
　契約（法）………………66,90
中小零細企業…………………76
著作権侵害……………………67
著作権法………………………67

━━━ て ━━━

DVD……………………………42
TLO……………………………31
定款……………………………12
定款自治………………………22
定款の変更……………………38
抵当権…………………………21
ディレクトリ型検索エンジン…35

データファイル……………………10
テクノポリス法……………………43
テクノロジー・アセスメント ………68
テクノロジー・インパクト・アセスメント……………………………68
デジタルコンテンツ………………42
デビットカード……………………68
電子決済……………………………51
電子商取引……………………16,40
電子商取引事業者…………………15
電子マネー…………………………69
転職エージェント…………………17
店舗や購入先の確保………………26
電網…………………………………15

=== と ===

登記…………………………………26
投機取引……………………………21
東京国税局…………………………39
東京証券取引所……………………53
東京商工会議所……………………69
倒産…………………………………21
投資事業組合…………………70,88
登録商標……………………………92
トーマス・クーン…………………79
独占禁止法…………………………37
特定独立行政法人…………………71
特定非営利活動法人促進法………6
特別背任……………………………70
特別背任罪…………………………21
独立行政法人………………………71
独立資金……………………………71
特例有限会社………………………72
土壌汚染対策………………………24
ドッグイヤー………………………72
ドメイン…………………………8,73
ドラッカー,P.F.……………………73
取締役会…………………………24,36
トリプル・ボトムライン…………4

=== な ===

内閣府………………………………37
内部者取引…………………………14
内部情報……………………………14
NASDAQ……………………………54
ナレッジマネジメント…………34,75

=== に ===

ニーズ………………………………46
ニーズ変化…………………………47
偽ブランド…………………………75
ニッチ………………………………76
ニッチ・ビジネス…………………76
ニッチ市場…………………………76
ニッチャー企業……………………76
日本工業規格………………………5
日本商工会議所……………………69
日本フランチャイズチェーン協会……83
日本ベンチャー学会………………33
ニュービジネス……………………48
任意調査……………………………50

=== ね ===

ネットワーク型電子マネー………69
燃料用エタノール…………………78

=== の ===

能力開発……………………………32
ノートPC……………………………4
野中郁次郎……………………34,65

=== は ===

バーチャルリアリティ……………77
パート………………………………81
バイアス……………………………77
バイオマス・ベンチャー…………78
バイオマスエネルギー事業………25
バイオマス事業……………………78

買収	6
排出権取引	78
派遣	81
パッケージ・デザイン	30
花形	7
パラダイム	79
パラダイムシフト	79
バリューアッド活動	79
犯罪捜査機関	80
販路・事業提携先の開拓	91

━━━ ひ ━━━

ＰＰＭ	7, 93
非営利組織	6
非公開会社	22, 36
ビジネス・エンジェル	80, 88, 95
ビジネスプラン	26, 45, 55, 92
ビジネスマッチング支援	91
ビジョン	28
非正規雇用	81
ビットバレー	81
非特定独立行政法人	71
非ビジネスリスク	99
品質保証	30
品質マネジメントシステム	5

━━━ ふ ━━━

ファミコン	23
風力エネルギー事業	25
風力発電	78
孵化器	14
複合企業体	6
福祉有償運送法	82
福利厚生施設	13
不実申述	21
不正アクセス	15
不正競争防止法	75, 82
不正取引	30
プライバシー	40

フランチャイジー	83, 95
フランチャイズ	83
プリペイドタイプ	69
不良商品	30
ブルース・ヘンダーソン	93
フレキシブルタイム	84
プレジデンツ・データ・バンク	84
プレゼンテーション	27
フレックスタイム制	84
プログラム	17
プロセスイノベーション	85
プロバイダ	16
フロンガス対策	24

━━━ へ ━━━

米国ナスダック	54
ヘラクレス	53, 54
ベンチャー・キャピタル	13, 59, 70, 79, 80, 85, 88, 89
ベンチャー・キャピタル・ファンド	90
ベンチャー・スピリッツ	86
ベンチャー・ビジネス	6, 12, 33, 87
ベンチャー・ファイナンス	86
ベンチャーエコノミー	87
ベンチャー企業	12, 33, 38, 87
ベンチャー企業支援	13, 88
ベンチャー企業支援業務	90
ベンチャー企業のライフサイクル	88
ベンチャー協議会	89
ベンチャー財団	88, 90
ベンチャー投資家	34
ベンチャーブーム	87, 89, 91
ベンチャーフェア	91
ベンチャーフェアJAPAN	91
ベンチャープラザ	92

━━━ ほ ━━━

保育器	14
法規	23

法人申告所得·················92
法人税法 ·················11, 92
法令遵守 ·················10, 42
ポータルサイト ············15, 16
ホームページ ···················10
ホスティングサービス············15
ボストン・コンサルティング・
　グループ ·················7, 93

━━ ま ━━

マーケット・イン ···············47
マイケル・ポラニー··············34
負け犬························7
マザーズ ···················53, 54
マトリクス·····················7

━━ み ━━

ミクシィ······················9
ミシガン研究···················99
ミニ・カンパニー···············49
民活法·······················43
民事再生·····················21
民事再生法····················29

━━ む ━━

無形財産·····················34
無限責任社員················37, 38

━━ め ━━

メガ・フランチャイジー···········95
メガトレンド···················47
メンター·····················95
メンター紹介サービス事業·········95

━━ も ━━

目標管理制度··················56
持分会社·····················96
持分の譲渡····················38
モチベーション·················56

問題児·······················7

━━ や ━━

薬害························30
Yahoo！···················8, 16

━━ ゆ ━━

有害化学物質使用量··············17
有価証券·····················24
優遇措置·····················56
有限会社·····················72
有限会社・株式会社の両会社類型の
　一体化·····················23
有限責任社員················37, 38

━━ り ━━

リーダーシップ·················99
利益供与·····················30
利益供与罪····················58
利益効率化····················25
利害関係者···············39, 44, 55
利害調整機能··················11
リスク·······················45
リスクマネジメント··············99
理想状態·····················35
倫理・法令遵守··············28, 42

━━ れ ━━

レーダー探知機·················4
レプリカ·····················75
連帯責任·····················50
連帯無限責任原則···············38

━━ ろ ━━

ロイヤリティ···················83
ローゼンブルーム···············31
ロゴ························30
ロンドン証券取引所··············54

109

わ

ワーキングプア……………………81

編 著 者

拓殖大学教授　秋山　義継

執筆者一覧 (五十音順)

秋山　智美	(あきやま　さとみ)		東京交通短期大学講師
秋山　義継	(あきやま　よしつぐ)		拓殖大学教授
安達　和年	(あだち　かずとし)		松蔭大学准教授
飯野　邦彦	(いいの　くにひこ)		尚美学園大学教授
井上　博文	(いのうえ　ひろふみ)		東洋大学教授
太田　実	(おおた　みのる)		松蔭大学准教授
金山　茂雄	(かなやま　しげお)	【編集委員】	拓殖大学教授
坂野　喜隆	(さかの　よしたか)		流通経済大学専任講師
桜井　武典	(さくらい　たけのり)		拓殖大学講師
宿谷　晃弘	(しゅくや　あきひろ)		流通経済大学講師
白土　健	(しらど　たけし)		松蔭大学准教授
田中　宏司	(たなか　ひろじ)	【編集委員】	東京交通短期大学学長
中村　陽一	(なかむら　よういち)	【編集委員】	秋草学園短期大学教授
成瀬　敏郎	(なるせ　としろう)		東京情報大学教授
長谷川一博	(はせがわ　かずひろ)		拓殖大学講師
松岡　弘樹	(まつおか　ひろき)	【編集委員】	東京交通短期大学副学長
山口　隆正	(やまぐち　たかまさ)		拓殖大学教授

編 著 者 紹 介

秋山　義継（あきやま　よしつぐ）

1950年　茨城県生まれ
現　在　拓殖大学商学部教授，東京交通短期大学客員教授
　　　　流通経済大学講師
　　　　（経営管理特論　大学院）
　　　　（経営管理総論　経営学総論　ベンチャー企業論　学部）

最近の主要著書
『経営管理論』創成社，2006年
『現代経営学』（編著）八千代出版，2006年
『現代交通論』創成社，2006年
『ベンチャー企業論』（編著）税務経理協会，2007年
『経営用語・キーワード』（共著）中央経済社，2007年
『経営学トレーニング』（編著）創成社，2008年
『環境経営論』（共著）創成社，2008年
『ベンチャー企業経営論』（編著）税務経理協会，2009年
その他著書多数。

編著者との契約により検印省略

平成21年3月18日　初版第1刷発行

ベンチャー
コンパクト用語辞典

編 著 者　　秋　山　義　継
発 行 者　　大　坪　嘉　春
印 刷 所　　税経印刷株式会社
製 本 所　　株式会社　三森製本所

発行所　東京都新宿区下落合2丁目5番13号　株式会社　税務経理協会
郵便番号 161-0033　振替 00190-2-187408　電話(03)3953-3301(編集部)
FAX(03)3565-3391　(03)3953-3325(営業部)
URL http://www.zeikei.co.jp/
乱丁・落丁の場合はお取替えいたします。

© 秋山義継　2009　　　　　　　　　　　　Printed in Japan

本書を無断で複写複製（コピー）することは、著作権法上の例外を除き、禁じられています。本書をコピーされる場合は、事前に日本複写権センター（JRRC）の許諾を受けてください。
JRRC(http://www.jrrc.or.jp　eメール:info@jrrc.or.jp　電話:03-3401-2382)

ISBN978-4-419-05244-7　C3034